KB054421

이 시대의 영웅들이 미래의 영웅들에게

청춘이여!
성공주문을
외쳐라!

이 시대의 영웅들이 미래의 영웅들에게

청춘이여! 성공주문을 외쳐라!

초판 1쇄 2015년 2월 15일
    2쇄 2015년 4월 10일

지은이 MBN Y포럼 사무국
펴낸이 전호림 **편집총괄** 고원상 **담당PD** 이영인 **펴낸곳** 매경출판㈜
등 록 2003년 4월 24일(No. 2-3759)
주 소 우)100-728 서울특별시 중구 퇴계로 190 (필동 1가) 매경미디어센터 9층
홈페이지 www.mkbook.co.kr
전 화 02)2000-2610(기획편집) 02)2000-2636(마케팅) 02)2000-2606(구입 문의)
팩 스 02)2000-2609 **이메일** publish@mk.co.kr
인쇄 · 제본 ㈜M-print 031)8071-0961

ISBN 979-11-5542-215-1(03300)
값 12,000원

이 시대의 영웅들이 미래의 영웅들에게

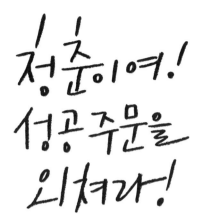

MBN Y 포럼 사무국 지음

매일경제신문사

세상은 영웅의 탄생을 기다린다

왜 세상은 영웅을 원하는가?

영웅.

참으로 가슴 뛰는 단어다. 그런데 우리나라엔 영웅은커녕 존경받는 지도자마저 찾기 힘들다. 난세에 영웅이 난다고 했지만, 지난 2008년 이후 글로벌 경제위기가 한국은 물론 지구촌을 강타해도 이를 슬기롭게 헤쳐나갈 글로벌 리더십마저 실종된 상태다. 갈수록 빈부격차는 커지고 청년실업, 사회 불평등은 국민 대통합을 가로막고 있다.

20세기 격동의 시기에 중심축 역할을 했던 미국, 유럽경제가 침몰하면서 세계 경제가 불확실성의 늪에 빠져 있다. 글로벌 경제에 동력을 제공했던 아시아의 미래도 불안하다는 말마저 나오고 있다.

한국을 비롯한 세계 경제는 저성장의 늪에 빠져들었고 지구촌은 늪에서 빠져나올 돌파구를 찾지 못하고 있다.

게다가 북한의 핵실험이 이어지면서 안보위협이 중요한 화두로 부상했다. 독도문제와 위안부 문제, 영토 분쟁 등 외교문제는 한중일을 긴장관계로 몰아넣고 있다.

이 같은 위기의 상황을 어떻게 타개할 것인가?

세상을 바꾼 '영웅'에 주목하라

우리는 이러한 위기의 상황 앞에서 뛰어난 예지력과 행동으로 개인은 물론 기업, 국가의 운명을 바꾼 우리시대 영웅들에게서 해답을 찾아야 한다.

마이크로소프트(MS) 창업자 빌 게이츠는 그의 나이 31세이던 1986년 '윈도1.0'을 세상에 선보였다. 이 윈도는 컴퓨터를 대중화하는 기폭제가 됐고 정보통신산업의 미래를 바꿔놓았다.

애플의 창업자 스티브 잡스는 2007년 새로운 발명품 아이폰을 선보이며 스마트폰으로 일컬어지는 '통신 혁명'을 일으켰다. 이에 앞서 잡스는 21세 때이던 1976년 세계 최초 개인용 컴퓨터 '애플'을 만들어 개인용 컴퓨터시대를 열었다. 잡스의 창조적 도전으로 전화기 기능만 갖던 휴대폰은 사진촬영, 녹음, 음악감상, 텔레비전 시청은 물론 언제 어디서나 정보검색이 가능한 '모바일 혁명'의 기수가 됐다.

1999년 종합 온라인 쇼핑몰 알리바바를 창업한 키 161cm의 마윈은 중국 GDP의 3.5%에 달하는 250조원의 매출을 올리는 세계 최대 온라인 기업을 키워냈다. 그는 하버드 대학 입학에 무려 10번이나 도전장을 냈지만 모두 거절당했다. 하지만 그는 실패하면 다시 시작하고 넘어지면 다시 일어섰다.

1984년생 대학 2학년이던 마크 저커버그는 그의 나이 19세이던 2003년 하버드대 기숙사에서 친구 더스틴 모스코비츠, 에두아르도 세버린, 크리스 휴즈와 페이스북을 창업했다. 2012년 미국 나스닥시장에 상장한 페이스북은 기업가치 122조원의 공룡기업의 탄생을 알렸다. 이어 페이스북은 전세계 인구 10억 명이 사용하는 세계 최대 소셜네트워크서비스(SNS)로 발전했고 저커버그는 '페이스북 제국'시대를 열었다.

　트위터 창업자 비즈 스톤은 32세에 트위터 서비스를 시작했다. 가입자 수만 10억 명에 달한다.

　먼 이야기가 아니다. 불과 몇 년 사이 우리 주변에서 벌어졌던 현재의 이야기다. 이제 우리에게는 새로운 세상을 창조해낸 이들의 도전정신과 창조적 발상이 필요하다. 그 주인공은 바로 당신이 될 수 있다.

빌 게이츠, 스티브 잡스, 마윈, 마크 저커버그….

그들의 도전은 우리에게 없던 미래를 창조해냈고 새로운 미래를 열어주었다. 개인은 물론 국가와 기업의 운명을 순식간에 바꿔놓았다.

2008년 시작된 글로벌 경제위기는 지구촌을 고용 없는 성장, 성장 둔화, 청년 실업, 빈부 격차, 복지 갈등 등 다양한 사회 문제를 낳고 있다. 다양한 문제들을 헤치고 나아가야 할 때, 전 세계는 앞서 언급한 도전정신으로 가득한 이들의 마인드가 필요할 것이다.

우리는 이 같은 도전과제를 슬기롭게 해결해 희망찬 미래를 다시 열어야 한다. 현재 우리가 안고 있는 답답한 현안에 대한 해법을 찾기 위한 화두로 '새로운 미래설계(New Future Design)'를 고심해야 한다. 나아가 새로운 미래 설계에 대한 방법론으로 '도전 정신(Challenge Spirit)'을 배양해야 한다.

이를 위해 'MBN Y 포럼 2015'는 "미래에 도전하라 (Challenge The Future)"를 새로운 미래 창조와 성공을 위한 화두이자 성공주문으로 제시한다.

청춘이여, 미래에 도전하라. 청춘이여, 영웅들이 좌우명처럼 간직했던 '성공주문'을 외쳐라.

대한민국 '우리들의 영웅들'

청년들이 뽑은 영웅들, Why?

  MBN에서는 2014년 6월부터 12월 말까지, 2030 청년들이 만나고 싶고 롤 모델로 삼고 싶은 사람들을 투표, '우리들의 영웅들'을 뽑았다. 청년 5,500여명이 참석해 최종적으로 10명의 영웅들을 뽑았다.
  청년들이 뽑은 영웅들, 왜 그들을 선정한 것일까?

  청년들은 '세계의 대통령'으로 불리는 반기문 유엔 사무총장에게 '큰 꿈'을 꾸고 그 목표를 성취해낸 '성실함'과 '끈기'에 대해 배우고 싶다고 말했다. 고등학교 3학년 때 존 F. 케네디 미국 대통령을 만나 외교관을 꿈꾸고 이 꿈을 이뤄냈다. 이어 외교장관에 이어 유엔 사무총장의 자리에 오르며 한국인의 자긍심을 전 세계에 드러내고 있다. 반기문 영웅은 "머리는 구름 위에 두고 두 발로는 땅을 굳게 내디뎌라"며 꿈을 향해 뛰는 사람이 되라고 주문한다.

청년들은 시민운동가에서 행정가로 변신한 박원순 서울시장에게 소통하는 능력과 진정성을 배우고 싶다고 밝혔다. 그는 '소셜 디자이너(Social Designer)'라는 명함을 들고 사회변혁운동에 앞장서왔다. 박원순 영웅은 "기죽지 마라, 힘들면 책을 읽고 그 속에서 길을 찾아라"고 주문한다.

1억 5천만 명이 가입한 카카오톡의 창업자 김범수 다음 카카오 이사회 의장, 그는 청년들의 희망이다. 청년들은 한목소리로 그의 '기업가 정신'과 '도전 정신'을 배우고 싶다고 말했다.

김 의장은 잘나가던 대기업 직장 생활을 박차고 나와 한게임을 창업해 온라임 게임의 패러다임을 바꿔놓았다. 이어 네이버를 공동 창업한데 이어 카카오톡을 창업해 모바일 메신저 혁명을 일으켰다. 청년들은 그의 혁신가적 발상을 배우고 싶다고 말한다. 김범수 영웅은 "행복의 비결은 좋아하는 것을 많이 하는 것이다"고 말한다.

K-뷰티를 앞세워 화장품 한류를 일으킨 서경배 아모레퍼시픽 회장. 그는 선택과 집중의 한 우물 전략으로 화장품 1등 기업을 만들었다. 화장품 하나에 승부를 걸어 연 매출 4조원을 돌파하며 전 세계에 한류열풍을 불어넣고 있다. 2030세대들은 서 회장의 미래를 내다보는 혜안을 배우고 싶다고 말한다. 서경배 영웅은 "자신을 끊임없이 혁신하라. 권위를 버려라"고 끊임없는 변화를 주문한다.

영웅에게는 성공 비결이 있다

'영원한 캡틴' 축구선수 박지성, 그는 어린 시절 몸집이 왜소하고 키마저 작아 축구하기에 적합하지 않았다. 설상가상으로 평발이어서 축구선수가 되기에는 최악의 조건이었다. 하지만 그는 꿈과 열정, '할 수 있다'는 용기로 영국 맨체스터 유나이티드 구단의 100년 역사상 유래 없는 첫 한국인 축구선수가 됐다. 이렇게 박지성은 한국인의 자존심이 됐고 '큰 꿈'을 향해 뛴 열정의 상징이 됐다.

박지성 영웅은 "절대 주눅들지 마라. 용기를 잃지마라"고 주문한다.

우리들의 피겨 여왕 김연아, 6살 때 스케이트를 탄 뒤 13년간의 피나는 노력 끝에 세계 1등, 피겨여왕의 자리에 올랐다. 최고가 되기 위해 무려 12만 번의 점프를 하면서 3천 번에 달하는 엉덩방아를 찧어야 했다. 발목과 허리부상으로 훈련조차 힘들었지만 "포기할 수 없다."라는 집념 하나로 큰 선수가 됐다. 김연아 영웅은 "철저한 준비만이 성공을 만든다."라고 말한다.

무명 개그맨의 서러움을 극복하고 국민 MC가 된 유재석은 겸손과 배려, 성실 하나로 대한민국을 대표하는 MC의 반열에 올랐다. 카메라만 보면 떨리고 긴장하는 '울렁

증' 때문에 8년간이나 무명생활을 해야 했다. 하지만, 그
는 다른 출연자들의 방송을 녹화해 수많은 화법을 연구하
며 다시 방송에 출연하게 될 날을 성실하게 준비한 끝에
기회를 잡을 수 있었다. 유재석 영웅은 "성공하려면 하루
하루 열심히 살라. 매사에 최선을 다하라."라고 주문한다.

영웅에게는 설레는 사연이 있다

스타배우이자 영화감독인 하정우. 배우 김용건의 아들
이지만 김용건의 아들이 아닌 배우 하정우로서 더 유명하
다. 그만큼 아버지의 후광에 의지하지 않고 철저한 준비와
실력으로 승부를 걸었다. 그는 성공하는 연예인이 되기 위
해 재능만을 믿지 않았다. 연기파 배우, 실력파 감독이라
는 말을 듣기 위해 철저하게 자신의 역량을 키웠다.

하정우 영웅은 "인생이란 스스로의 실력을 인정을 받아
야 한다."라고 말한다.

이제 2030세대가 선정한 영웅들의 이야기를 들어보자. 실패와 좌절의 반복 속에서도 어떻게 역경을 딛고 일어섰는지, 본인에게 다가온 기회를 어떻게 잘 살려서 성공의 디딤돌을 삼았는지, 어떤 성실함으로 숱한 파도들을 넘어서 성장할 수 있었는지, 파트별로 등장하는 영웅들의 이야기를 펼쳐보고자 한다. 청춘들이여, 영웅들의 이야기에 귀를 기울일 준비가 되었는가?

CONTENTS

PROLOGUE 1. 세상은 영웅의 탄생을 기다리고 있다   4

PROLOGUE 2. 대한민국 '우리들의 영웅들'   10

PART 1. 긍지의 주문
나는 나의 능력을 믿는다

반기문_ "한 단계씩 나아가자"   24

박원순_ "청년들이여, 절대 기죽지 말라"   36

"태양을 바라보고 살아라"_헬렌 켈러   47

"내 일에 긍지를 갖자"_이나모리 가즈오   52

PART 2. 도전의 주문
Stay Hungry Stay Foolish
늘 갈망하며 우직하게 전진하라

김범수_ "좋아하는 일에서 꿈을 찾자"   62

서경배_ "한 우물을 파자"   78

"꿈은 꾸면 이루어진다"_스티브 잡스   92

"포기란 없다"_엄홍길   98

PART 3. 성실의 주문

성공을 향해 하루하루 최선을 다하자

유재석_ "하루하루 최선을 다하자"   **108**

하정우_ "실력으로 승부하라"   **122**

"행동하는 사람이 되자" 어니스트 헤밍웨이   **135**

"스스로를 낮춰라" 프란치스코 교황   **141**

PART 4. 용기의 주문

내 사전에 불가능이란 단어는 없다

김연아_ "재밌잖아, 열심히 해야지"   **152**

박지성_ "난 할 수 있어. 꿈이 있잖아"   **164**

"나에게는 꿈이 있습니다"_마틴 루터킹   **179**

"두려움을 정복하라"_넬슨 만델라   **185**

PART 5. 끈기의 주문

나는 할 수 있다, 절대로 포기하지 말자

"계단을 한꺼번에 뛰어오를 수는 없다"_박찬호   196

"그래 다시 시작하자"_조앤 K. 롤링   201

PART 6. 글로벌 영웅들의
        성공주문

미래는 창조하는 사람의 것이다

데이비드 레가_"나의 한계에 도전하라"   210

시드니 핑켈스타인_"안주하면 미래가 없다"   213

케빈 미트닉_"하고 싶은 일에 미쳐라"   215

짐 멕켈비_"큰 성공에 도전하라"   218

아드리안 라모_"호기심을 충족시켜라"   221

PART 7. 영웅을 꿈꾸는 청춘들의
성공주문
세계를 제패하라, 세상은 넓고 할 일은 많다

황희승_ "유명인이 될거야"   226
홍민표_ "세계를 잡자"   229
메이 리_ "한 우물을 파자"   232

EPILOGUE 1. 대한민국 2030 청춘들을 위하여   235
EPILOGUE 2. 디 오렌지가 '영웅들'에게 묻는다   239

Part 01

긍지의
주문

· · ·

나는 나의
능력을
믿는다

긍지 _

자신의 능력을 믿음으로서 가지는 당당함.
자기 스스로를 믿는 마음.
어떤 일을 하든지 자신의 일에 대해
자부심을 갖는 자세.

국어사전에서 '긍지'란 '자신의 능력을 믿음으로써 가지는 당당함'이라고 정의내리고 있다. 본래부터 '자기 스스로를 믿는 마음'을 말한다.

세상을 바꾼 영웅들은 자신의 능력과 스스로에 대한 믿음이 강했다. 그리고 어떤 일을 하든지 '당당함'을 잃지 않았다. 비록 남들이 보기에 보잘 것 없어 보이는 하찮은 일이라도, 스스로가 추구하는 가치관과 철학에 맞으면 '긍지'를 갖고 '당당함'을 잃지 않았다.

청춘들이여! 리더를 꿈꾸는 젊은이여! 당신에게는 이 같은 '긍지'가 있습니까? 자신 속에 숨겨진 잠재력을 믿고, 스스로의 의지로 난관을 헤쳐 나갈 수 있다는 자신감을 갖고 있나요?

"젊은이들이여,

그대들의 머리는

구름 위에 두고,

두 발은

땅을 굳게 내디뎌라"

01

반기문

● ● ● **반기문은 누구**

'세계의 대통령'인 유엔 사무총장
에 오른 한국인 긍지의 상징. 고등
학교 때 외교관의 꿈을 키워 끈질
긴 집념으로 외교부 장관자리까지
올랐다. 한국인 최초로 2007년 1
월 제8대 유엔 사무총장에 오른데
이어 2012년 연임되어 한국인의
위상을 드높이고 있다.

반기문을 탄생시킨 '긍지'

  '세계의 대통령'으로 일컬어지는 반기문 유엔 사무총장. 그는 현재 전 세계를 누비며 한국인으로서의 긍지와 자긍심을 뽐내고 있다. 충북 음성의 작은 마을에서 태어난 소년 반기문, 그를 대한민국 최초의 유엔 사무총장으로 만든 원동력은 무엇일까?

  그것은 바로 한국을 대표하는 외교관이라는 '긍지'에 있었다. 한국인이지만 '세계 대통령'을 할 수 있다는 한국인으로서의 '긍지'가 큰 역할을 했다.

"한 단계씩 나아가자"

충청북도에 있는 충주고등학교 2학년 학생이던 반기문은 17세 때 적십자사 주최 영어 웅변대회에서 1등을 하게 된다. 이 일은 반기문 총장의 운명을 바꿔놓는 계기가 되었다. 다음해 상을 받은 기념으로 1962년 8월 '외국학생 미국 방문 프로그램(VISTA)'에 참여해 생애 최초로 미국을 방문하게 된다. 전 세계 42개국 청소년대표 102명이 한 달 동안 미국에서 지내게 되었다.

　고등학생 반기문의 마음을 움직인 것은 당시 미국 대통령 존 F. 케네디와의 만남이었다. 백악관을 방문한 반기문 학생은 케네디 대통령에게 "네 꿈이 무엇이냐?"는 질문을 받는다. 이 자리에서 반기문 학생은 "저의 꿈은 한국의 외교관이 되는 것입니다"고 답했고 케네디는 "한국의 외교관을 넘어 세계를 위한 외교관이 되어라"고 도전했다.

　이날 이후 학생 반기문의 막연한 외교관에 대한 꿈은 확고한 꿈으로 자리 잡았다.

　케네디의 따뜻한 도전은 충북 음성의 고등학생 반기문

에게 '자긍심'을 심어줬다. 한국인으로 산다는 것, 외교관이 된다는 것, 케네디 대통령을 만나 악수를 했다는 것 등 미국에서의 많은 경험들이 소년 반기문에게는 커다란 자신감으로 다가왔다.

그는 한국을 대표해 그 자리에 섰다는 사실에 강한 '긍지'를 느꼈다. 그 긍지는 그를 외교관의 길로 이끌어줬다. 1970년 외무고시에 합격해 외교관이 된 그는 60세에 외교통상부 장관에 이르게 된다.

이어 케네디 대통령을 만난 지 45년 만인 2007년 1월 1일, 그는 한국인 최초로 제8대 유엔 사무총장 자리에 올랐다. 그리고 2012년 연임되었다.

반 총장은 "케네디 대통령을 만났던 일이 평생 외교관으로 몸담을 결심을 하게 만들었고 결국 유엔 사무총장에 이르게 되는 중요한 계기가 됐다"라고 말한다.

"한 단계씩 나아가자"

고등학생 반기문은 말 그대로 공부벌레였다. 별명이 '교실 지킴이'일 정도였다. 쉬는 시간에는 이전 시간에 했던 과목을 복습하거나 다음 시간 예습을 했다.

영어에 대한 사랑은 남달랐다. 일기를 영어로 썼다. 충주비료공장에 미국인 엔지니어가 있다는 말을 듣고 그는 방과 후 매번 이곳을 찾았다. 영어로 이들과 대화를 나누는 게 학생 반기문에게는 큰 기쁨이었기 때문이다. 반기문 학생에게 반한 미국인들은 반 총장을 위해 기꺼이 시간을 내줬다.

반기문 학생이 영어에 열정을 보이자 원어민 선교사 모임을 반 총장에게 소개해줄 정도로 모친도 자녀 교육에 열성이었다. 반 총장의 당시 일기장에는 "미국인 부인들이 왜 나를 안 좋아하는지 모르겠다. 친해지면 더 많은 영어를 배울 텐데…"라며 소박한 욕심을 드러내기도 했다.

고등학교 3학년 시절, 케네디 대통령을 만난 소년 반기문은 외교관이 되기로 마음을 굳혔다. "그래, 장차 한국을 넘어 세계를 대표하는 외교관이 되어야겠다."

그는 꿈을 쫓아 1963년 서울대학교 외교학과에 입학했다. 곧이어 청년 반기문은 바로 외교관이 되는 길을 찾았다. 외무고시에 도전하는 일이었다. 공부는 성실 그 자체였다. 밤늦게까지 공부하고 졸더라도 책상위에 절대 드러눕지 않았다. 머리를 믿지 않고 늘 "열심히 해야지"라며 노력을 게을리하지 않았다.

대학생 반기문은 부모 부담을 줄이기 위해 노력했다. 스스로 입주과외를 해서 학비를 마련했고 실력 보다는 성실함을 앞세워 인정받고자 했다.

청년 반기문은 이같은 성실함에 힘입어 26세에 외교관의 꿈을 이룰 수 있었다. 그는 성적이 좋아 주 미국대사관에 발령받도록 되어 있었다. 그러나 당시 가난했기에 생활비가 비싼 미국보다는 후진국에 가서 돈을 아껴 집안에 보탬이 되겠다는 생각으로 인도 뉴델리 총영사관 근무를 지

원했다. 그만큼 생각이 깊은 청년이었다.

　외교관 반기문은 외국어 공부에 남다른 열정을 보였다. UN 대표부 근무 시절 점심 자투리 시간을 활용해 유엔의 프랑스어 프로그램 최상급 자격증을 따냈다.

　이처럼 청년 반기문은 외교관이라는 꿈을 이룬 뒤에도 더 큰 꿈을 향해 성실하게 달려갔다. 외교관이란 직업에 '긍지'를 갖고 스스로를 '큰' 외교관으로 거듭 태어나게 했다.

반기문의 큰 생각 "나의 행동이 한국인의 이미지"

　유엔 사령탑에 오른 반기문. 그는 스스로를 '일하는 총장'으로 역할을 설정했다. 동양인, 특히 한국인으로서 '긍지'를 지키는 길은 근면과 성실함으로 유엔을 이끄는 일이라고 생각했다.

　유엔은 기본적으로 하루 일정이 10~20여 건에 달할 정도로 살인적이다. 반 총장은 한국인 특유의 근면 성실함으로 솔선수범했다. 느슨하게 근무하던 직원들은 그를 '동양 관료'라고 비판했다. 하지만, 반 총장은 아랑곳하지 않고 자신이 해야 할 일을 스스로 찾아 묵묵히 앞장섰다.

그는 몸을 사리지 않고 재난 현장을 찾았다. 미얀마 군부를 설득해 50만 명에 달하는 사이클론 이재민들의 목숨을 구하도록 했다. 2007년에는 수단을 압박해 유엔 평화유지군을 다르푸르에 파병하는 결정을 이끌어냈다. 튀니지 시리아 예멘 현장을 찾아 시민의 안전을 지키려 했다.

하루 24시간을 25시간처럼 열정을 갖고 뛰는 반 총장의 모습을 본 유엔 직원들은 그를 따르며 박수를 보냈다.

반 총장이 유달리 근면·성실함으로 유엔 직원들을 감동시킨 것은 자신이 보여주는 작은 행동이 한국의 이미지, 나아가 동양의 이미지를 결정한다는 '큰 생각'을 갖고 있었기 때문이다.

"한 단계씩 나아가자"

반기문 총장은 청년들과의 특강에서 유난히 '이상'과 '현실'의 조화, 그리고 '노력'의 중요성에 대해 강조한다.

그는 "젊은이들이여, 그대들의 머리는 구름 위에 두고, 두 발은 땅을 굳게 내디뎌라"라고 조언한다. 꿈과 이상은 높게 하되 꿈을 실현하려면 현실적인 설계를 통해 한 단계씩 차근차근 이뤄나가는 노력을 경주하라는 뜻이다.

반 총장은 "젊을 때 좋은 꿈을 갖는 게 중요하다"라며 "옛 어른들께 감명 깊게 들었던 이야기들을 실천하기 위해 좌우명과 이상을 높게 설정하라"고 강조한다. 이 같은 철학에 따라 반 총장은 스스로 유엔 사무총장이라는 높은 이상을 설정한 뒤, 차근차근 그 이상을 성취하는 길을 걸어갔다. 즉 현실주의자로 현실에 과감히 부딪혀갔다.

대학을 입학할 때부터 외교학과를 선택했고 외교관이 되기 위해 외무고시에 집중했다. 외교관이 된 뒤에는 인정

받는 외교 공무원이 되기 위해 실력과 겸손함을 잃지 않았
다. 반 총장은 거듭 강조한다.

"한 단계씩 나아가자"

"머리는 구름 위에 두고 발은 땅을 디디며

차근차근 한 단계 한 단계씩 올라가라.

발을 땅에 굳게 딛지 않으면 아무리 이상이 좋아도 넘어지는 수가 있다.

한 단계 한 단계씩 올라가는 자세가 중요하다.

나는 평생 그런 자세를 견지하며 살아왔다.

목표를 정할 때 남 눈치를 보지 말고, 패기를 갖고 정하라.

꿈을 높게 갖고 꿈의 깊이와 넓이는 학생 스스로 판단해서 만들라.

그리고 이것을 밀고 나가야 성공 가능성을 높일 수 있다.

반드시 이룰 것이라는 확신을 가져라.

어떤 난관에 부딪쳐도 좌절하지 말고, 현실에 안주하지 말라.

현실을 냉정하게 보는 문제의식을 가져라.

자기만 잘 되겠다고 생각하면 오산이다.

현대 사회는 개인이 아닌 모두가 함께 잘 살아야 한다.

열정을 가지고 자신을 아름다운 사람으로 만들라.

남을 배려하는 마음은 청소년 시절부터 가져라.

존경 받는다는 것은 어려운 사람을 품을 줄 아는 자세다."

(2013년 8월 충주시청 특별강연 '세계를 향한 꿈과 희망' 중에서)

"청년들이여,

절대 기죽지 말라.

위기와 고통들이

자신을 키우고 성숙시켜주는

기회이고 영양소임을

기억하라"

02

박원순

••• 박원순은 누구

시민운동가에서 행정가로 변신한 서울특별시 시장. 참여연대와 민변(민주사회를 위한 변호사모임), 아름다운재단 등 시민단체 창립에 참여해 사회변혁을 주도했다. 스스로를 '소셜 디자이너'로 부르며 사회를 한 단계 업그레이드 하는 일을 자신의 인생철학으로 삼고 있다.

시민운동가 박원순의 '긍지'

　박원순 서울시장. 그는 시장이 되기 전 참여연대와 민주
사회를 위한 변호사 모임 창립 멤버로 참여해 아름다운재
단 상임 이사, 대한변호사협회 인권위원, 참여연대 사무처
장, 아름다운가게 상임이사, 희망제작소 상임이사 등으로
활동한 시민운동가로 더 알려져 있었다. 말 그대로 대한민
국 시민사회운동의 '아이콘' 중 한 명이었다.

　그런 그가 어떻게 서울시장 자리에 오른데 이어 대한민
국 대통령 후보 물망에 오르고 있는 걸까? 그가 시민운동

　　　　　　　　　　　　　　"절대 기죽지 말자"

을 할 때 가지고 다닌 명함에 담긴 그의 직책은 시민운동
가나 상임이사가 아닌 '디자이너(Designer)'였다. 여기서
디자이너는 패션 디자이너나 인테리어 디자이너를 일컫
는 말이 아니다.

박 시장이 말하는 그는 이른바 '소셜 디자이너(Social
Designer)', 우리 사회를 새롭게 디자인하는 사람이라는 의
미에서 박 시장은 스스로를 '소셜 디자이너'라고 부른다.
박 시장은 "소셜 디자이너는 사회를 한 단계 업그레이드
하는 직업이다"라고 설명한다. 좀 더 인간적이고 합리적
이며 지속가능한 미래를 만들어가는 사람이 바로 소셜 디
자이너라는 것이다.

이 타이틀은 박 시장에게 남다른 '긍지'와 '자긍심'을 심
어줬다. 박 시장은 서울대학교 법학과 1학년 재학 시절이
던 1975년 유신체제를 반대하며 할복 자결한 어느 열사의
추모식에 참석했다가 투옥된 후 제적됐다. 이후 단국대 사
학과에 입학한 뒤 22회 사법시험에 합격해 검사생활을 시

작했지만 "사람들을 잡아넣는 게 영 불편하다"라면서 1년 만에 퇴직했다.

그런 그가 선택한 길은 '소셜 디자이너'의 길이었다. 어떻게 세상을 디자인할 것인가? 에 대한 고민을 하며 다양한 사회활동을 시작했다. 인권변호사가 되어 성 고문 사건, 미 문화원 점거 사건 등 굵직한 인권관련 재판을 비롯해 부패정치인 낙선운동, 소액주주 운동, 국가보안법 폐지 운동 등을 펼쳤다.

나아가 '아름다운 재단', '아름다운 가게'를 설립해 기업과 사회가 윈윈하는 사회적 기업의 모델을 선보였다. '아름다운 재단'을 만들어 우리 사회에 기부문화를 확산시킨데 이어, 쓰지 않는 헌 물건과 필요 없는 옷을 재활용해서 이웃에 전달하는 아름다운 가게를 열었다.

시민운동가 박원순이 생각하는 '소셜 디자이너'로서의 역할을 착실히 이행한 것이다. 박 시장이 시민운동가로 묵

"절대 기죽지 말자"

묵히 걸을 수 있었던 것은 시민운동가, 즉 소셜 디자이너로서의 역할에 강한 '긍지'가 있었기 때문이다.

박원순의 청년 시절

박 시장이 '소셜 디자이너'의 길을 생각한 것은 1975년 19세 때의 일이다. 서울대학교 법학과에 입학한 박 시장은 가난한 집안 환경을 생각해 판검사의 길을 찾아 사법시험에 매진하고 있었다. 당시 학생데모가 심했지만, 대학생 박원순은 이에 아랑곳하지 않고 도서관에서만 생활했다.

그런데, 서울대학교에서 뜻밖의 사건이 발생했다. 그 해 4월 서울농대 고(故) 김상진 열사가 유신체제에 반대하며 할복 자결하는 사건이 발생하게 되는데, 이 사건은 대학생 박원순의 인생을 바꿔놓게 되었다.

박원순은 학생 시위에 참여했다가 투옥됐고 4개월 간

수감생활을 한 뒤 학교에서도 제적당하게 된다. 수감생활은 박원순의 인생관과 가치관을 바꿔놓았다. 사회문제에 눈을 뜨게 된 것이다. 박원순은 교도소 생활을 '축복의 키스'라고 말한다.

"그때 왜 구속됐는지 모르지만 지금 생각하면 오히려 잘 된 것이었죠. 당시 만 20세가 안 돼 소년범과 함께 있었는데 그들을 이해하는 좋은 기회가 됐습니다. 거기서 읽은 사회과학·문학 서적도 내게 매우 큰 감동을 주었죠."

26세가 된 청년 박원순은 인생의 멘토 고(故) 조영래 변호사를 만나게 된다. 조 변호사는 인권변호사로 당시 존경받는 사회변혁운동가였다. 그는 부천 성고문사건, 여성 조기정년 철폐사건 등을 맡아 사회적 약자 편에 서서 민주주의와 인권의 가치를 옹호하고 실천하는 조 변호사의 열정적인 모습에 푹 빠지게 된다.

이후 그의 영향을 받아 시민운동가로 따뜻한 사회를 만

"절대 기죽지 말자"

들기 위해 순수한 열정을 바치게 되었는데, 이런 그가 선택한 길이 바로 '소셜 디자이너'의 길이다.

박원순의 큰 생각 "나보다 사회를 먼저 생각"

박 시장이 시민운동가의 길로 들어선 것은 어머니의 영향이 컸다고 회고한다.

그는 "제가 무엇보다 어머니의 영향을 받은 것은 '세상 걱정'이었다"라며 "서울로 유학 와 있는 아들을 보러 서울 나들이를 하실 때마다 '저렇게 가게가 많은데 어떻게 다 먹고 사는지 모르겠다'하셨다"라고 한다.

박 시장은 "그런 어머니의 세심한 세상 걱정이 저에게 옮겨져 저 역시 만인에 대한 걱정을 하게 되고 이후, 변호사, 시민운동가의 길을 걷게 됐다"라고 말한다.

그는 자신보다 사회, 세상을 먼저 생각하는 '큰 생각'의 소유자였던 것이다.

박 시장의 책 욕심은 유별나다. 2만 권이 넘는 책을 보관하기 위해 대형 평수의 아파트를 얻을 정도다.

박 시장은 비슷한 주제의 책을 몰아서 읽는 습관이 있다. 실학이면 실학, 리더십이면 리더십, 이렇게 한꺼번에 모아 시리즈로 책을 읽는다. 책을 읽고 난 뒤 녹서 노트는 필수다. 박 시장은 "책을 읽은 느낌이나 감상 보다는 기억나거나 인용할 만한 글들을 독서 노트에 기록해 둔다."라고 말한다.

박 시장은 책으로 시민의 힘을 키우겠다는 '큰 생각'을 갖고 있다. 그래서 '2030년 도서관 청사진'을 내놓았다.

그는 "어디서나 책 읽는 소리가 들리고 책 읽는 모습을 볼 수 있는 서울시를 만들고 싶다"라고 하며 "책을 읽으면 내면의 힘이 깊어지고 인생의 경험치가 늘어난다"라고 강조한다.

‘소셜 디자이너’인 그의 꿈은 크다. 시민사회운동가로 세상을 바꾸는데 그치지 않고 제도권인 서울시장이 되어 시민사회운동을 하면서 느꼈던 ‘한계’를 뛰어넘고 있다.

박원순의 조언 "기죽지 마라"

"힘들면 책을 읽어라."

박 시장의 조언이다. 박 시장은 "대학시절 시위에 가담한 이유로 4개월 동안 감옥생활을 하게 됐는데, 이때 읽었던 책들이 영혼에 어마어마한 양식이 됐다"고 고백한다.

그는 책 속에 삶이 있고 가르침이 있다고 믿는다.

박 시장은 특히 "청년들이여, 절대 기죽지 말라"고 조언한다. 그는 "집안이 좀 어렵거나 시험에 실패했다고 해서 절대 기죽을 필요가 없다"라며 "위기와 고통들이 자신을 키우고 성숙시켜주는 기회이고 영양소"라고 강조한다.

박 시장은 우리에게 ‘25가지 삶의 가치’를 말한다.

"용기란 두 눈 질끈 감고 손을 번쩍 드는 것이다.

기회가 왔을 때 두 눈 딱 감고 저질러 버리는 용기를 가져라.

신뢰는 사람과 사람을 이어주는 가장 강력한 끈이다.

삶을 사랑하고 집중하게 하는 힘은 열정에서 나온다.

열정은 일이나 연애의 공통분모다. 없으면 헤어져야 한다.

종종 멈춰 서서 내가 온 길을 성찰해봐라.

사람은 앞을 보고 전진해야 한다.

뒤에 두고 온 것을 후회하거나 미련을 가지지 말라.

사고하라. 성찰하라. 떠나라. 글로 써라. 그리고 변화하라.

젊음은 가만히 정체되어 있기에는 너무 뜨겁고 아깝다.

간절함은 죽기 전에 가장 찬란한 꽃을 피워내는 전나무와 같다.

비법은 자신이 만들어 내는 것. 간절하면 찾을 수 있다.

비움은 조금 더 높이 오르고, 조금 더 멀리 날 수 있게 한다.

느긋함은 페이스를 잃지 않고 인생을 달리게 하는 힘이다.

세상은 나의 속도에 신경 쓰지 않는다.

인생은, 삶은 지나가는 것이다.

이것 또한 지나갈 것이라 생각하고 견뎌라."

《박원순의 아름다운 가치사전》, 64~70p, 위즈덤하우스

"절대 기죽지 말자"

'긍지'의 아이콘

| 헬 렌 켈 러 |

"태양을 바라보고 살아라.

고개 숙이지 마라.

머리를 언제나 높이 두라.

세상을 똑바로 정면으로 바라보라."

헬렌 켈러는 누구
19개월 때 걸린 병으로 장님, 벙어리, 귀머거리의 3중 장애우가 됐지만, 이를 이겨낸 미국 작가이자 사회운동가. 점자법을 연구해 수많은 책을 저술했고 발성법을 연구해 '말하는 기적'을 만들었다. 수많은 기적과 감동을 만들어내며 일생을 장애인들을 위해 바쳤다.

눈·귀가 먼 벙어리 헬렌 켈러의 '긍지'

눈과 귀가 먼 벙어리 헬렌 켈러. 그는 어린 시절 뇌 척수막염으로 추정되는 질병에 걸려 보이지 않고 들리지 않고 결국 말도 못하게 된 삶을 살았다. 말 그대로 장님, 벙어리, 귀머거리의 3중 장애아였다.

세상과의 소통이 막힌 채 살던 그는 앤 설리번 선생을 만나 암흑의 세계를 뚫고 세상 밖으로 나왔다. 그는 어떻게 세상 밖으로 나올 수 있었을까?

바로 '긍지'의 힘이었다. 켈러는 불행하게도 19개월 되었을 때 질병을 앓은 후유증으로 귀머거리와 장님, 벙어리를 동시에 뜻하는 농맹아가 됐다. 모두 미래가 없다고 포기했다. 하지만 7세 때 앤 맨스필드 설리번 선생을 만나면서 인생이 변하기 시작했다.

무엇이든지 할 수 있다는 '자긍심'을 얻은 것이다. 세상에 모든 물건에는 이름이 있다는 사실을 알면서 이름에 대

"태양을 보고 살아라"

한 호기심을 갖기 시작했다. 점자를 통해 글을 배웠고 이를 통해 책을 썼고 대학에 입학해 농맹아 최초로 문학학사 학위를 받았다. 10살이 되자 피나는 노력 끝에 발성법을 배워 말을 할 수 있게 됐다. 일반인도 입학하기 어렵다는 하버드 대학을 졸업했다. 이후 작가로, 강연가로, 배우로, 사회사업가로 명성을 날렸다.

어떻게 이런 일이 가능했을까? 켈러는 "나자신이 농맹아였다는 사실이 부끄러운 게 아니라 농맹아임에도 글을 쓰고 말을 할 수 있는 기적을 만들 수 있다는 사실에 '긍지'를 갖게 됐기 때문이다"고 강조한다. 그는 "농맹아의 장애를 딛고 정상인도 하기 힘든 작가, 강연가로 활동할 수 있다는 사실에 '당당함'을 가졌기 때문이다"고 말한다. 그에게 장애는 부끄러움의 대상이 아니라 '긍지' 그 자체였다.

그는 수많은 명언을 통해 당당함, 긍지를 드러냈다. 불가능한 꿈도 꾸었다. 이른바 '태양을 바라보고 살아라'는 명언을 통해 우리에게 가슴을 울리는 말을 하고 있다.

"태양을 바라보고 살아라.

그대의 그림자를 못 보리라.

고개 숙이지 마라.

머리를 언제나 높이 두라.

세상을 똑바로 정면으로 바라보라.

나는 눈과 귀와 혀를 빼앗겼지만 내 영혼을 잃지 않았기에

그 모든 것을 가진 것이나 마찬가지다.

고통의 뒷맛이 없으면 진정한 쾌락은 거의 없다.

장애를 가졌다 할지라도 노력하면 된다.

아름다움은 내부의 생명으로부터 나오는 빛이다.

그대가 정말 불행할 때

세상에서 그대가 해야 할 일이 있다는 것을 믿어라.

그대가 다른 사람의 고통을 덜어줄 수 있는 한

삶은 헛되지 않으리라.

세상에서 가장 아름답고 소중한 것은 보이거나 만져지지 않는다.

단지 가슴으로만 느낄 수 있다."

우리는 흔히 이래서 안 되고 저래서 안 된다는 변명과
핑계를 댄다. 자기를 합리화하려 노력하고 남 탓을 한다.
헬렌 켈러는 자신의 무한한 가능성을 믿었고 그 믿음 속에

"태양을 보고 살아라"

서 '긍지'를 만들어 냈다. 장애를 부끄럽게 생각하지 않고 당당하게 이겨냈다. 스스로의 장애를 인정하고 오히려 당당하지 못한 타인을 격려하고 위로했다.

현재의 나는 어떠한가? 가정 형편을 탓하고 나의 장애, 부족함을 비관하고 있지는 않거나 해보지도 않고 포기하고 있지는 않은지? 나에게 숨겨진 '긍지'를 찾아내야 한다.

청춘이여, 나는 나를 얼마나 믿나요? 나는 나의 일에 얼마나 큰 '긍지'를 갖고 있나요?

'긍지'의 아이콘

| 이 나 모 리   가 즈 오 |

"열정과 도전정신,

초심을 잃지 않는다면

어떤 위기도 극복할 수 있다.

이것이 바로 자신을 믿는

자긍심이다"

이나모리 가즈오는 누구
일본인들은 일본 기업사상 최고의 경영
자로 마쓰시타 전기 창업자 마쓰시타 고
노스케와 혼다 자동차 창업자 혼다 소이
치로, 교세라 창립자 이나모리 가즈오를
가장 존경받는 '일본의 3대 기업인'으로
손꼽는다.

세계 100대기업을 만든 '긍지'

일본 교세라 창업자이자, 일본 3대 기업인으로 존경받고 있는 이나모리 가즈오는 "성공은 외부 환경을 탓하지 않고 위기를 극복하고자 하는 강한 의지와 용기에서 시작된다"라고 조언한다.

그는 "열정과 도전정신, 초심을 잃지 않는다면 어떤 위기도 극복할 수 있다"라며 "이것이 바로 자신을 믿는 자긍심이다"라고 말한다.

'살아있는 경영의 신'으로 추앙받고 있는 가즈오는 1983년 '세이와주쿠(盛和塾)'라는 일본 최고의 경영 아카데미를 설립해 이 같은 철학을 일본의 차세대 경영자들에게 전파하고 있다.

'긍지'가 삶에서 매우 중요한 역할을 한다는 사실에 대한 가즈오의 믿음은 그의 성공에서 쉽게 읽을 수 있다.

그가 첫 직장인 세라믹 제조회사 쇼후 공업에서 일할 때의 일이다. 직원들은 하루하루가 세라믹 가루와의 전쟁이었다. 온종일 가루투성이, 진흙투성이, 땀투성이 속에서 일하는 직원들은 전혀 일에 대한 '긍지'가 없었다. 더 좋은 조건의 일자리가 생기면 직원들은 하루아침에 직장을 떠났다.

"어떻게 하면 직원이 떠나지 않게 할 것인가?" 가즈오는 비록 보잘 것 없는 일을 하고 있지만 직원들에게 일에 대한 '긍지', 즉 자긍심을 심어주기로 했다.

어떻게 긍지를 심어줄 것인가. 도쿄 대학에서 날마다 가루 범벅이 되어 세라믹을 연구하는 교수를 보고 힌트를 얻었다. 교수들은 가루를 고체로 만드는 '분체공학' 또는 '분체 역학'이라고 하는 학문을 만들기 위해 쇼후 공업 직원들과 마찬가지로 하루 종일 세라믹 가루를 뒤집어쓰고 힘들게 일하면서도 큰 보람을 느끼고 있었다.

가즈오는 직원들을 향해 "우리는 도쿄대학의 교수처럼 세라믹의 실체를 만드는 일에 매진하고 있다"라며 직원들

"내 일에 긍지를 갖자"

에게 일에 대한 '자긍심'을 불어넣어 주었다. 직원들이 하는 일은 도쿄대학의 교수보다 더 위대하다는 점을 강조했다. 그 결과 직원들은 '긍지'를 갖고 세계 최고 제품을 만들어내기 시작했다. 이렇게 탄생한 제품은 고객의 높은 평가를 끌어냈고 '긍지'로 만들어낸 제품은 직원들에게 또 다른 '긍지'를 심어주었다. 직원들의 '긍지'는 세계적인 제품을 탄생시켰고 1959년 설립된 교세라는 세계 100대 기업으로 성장했다.

Part 02

도전의
주문

· · ·

Stay Hungry

Stay Foolish

늘 갈망하며

우직하게 전진하라

도전 _

정면으로 맞서 싸움을 겶.
어려운 사업이나 기록 경신 따위에 맞섬을
비유적으로 이르는 말.

청춘이여! 성공주문을 외쳐라!

도전은 비겁하게 측면을 공격하는 게 아니라 정정당당하게 정면승부를 거는 것이다.

영웅들은 자신이 어떤 일을 하더라도 '긍지'를 잃지 않았으며 도달하기 힘든 목표를 향한 도전 또한 멈추지 않았다. 이른바 '도전 정신, 모험 정신'이 삶의 중요한 키워드였다.

영웅들의 도전에서 주목할 만한 사실은 '도전 과제'는 반드시 성취할 수 있다는 '확신(Conviction)', 즉 긍정적 믿음이 강했다는 것이다.

천재 발명가 토머스 에디슨. 그는 필라멘트 전구 하나로 온 세상을 밝게 비출 수 있다는 확신을 갖고 도전했다. 그가 발명 단계에서 "어떻게 전구 하나가 밤을 밝힐 수 있어?"라고 목표를 의심했더라면 도전조차 못하고 포기했을 것이다. 세계 최초로 비행기를 만든 라이트 형제도 마찬가지다. 라이트 형제는 엄청난 무게의 물체가 하늘로 떠서 날아갈 수 있도록 하는 데 도전했다. 그들은 "기계에 프로펠러를 달면 연처럼 날 수 있을 것"이라고 믿었다. 형제는 수백차례 언덕에 올라 동력기계를 타고 하늘을 나는 시도를 했다. 최초로 개발한 플라이어호는 12초를 날았다. 이 성공이 비행기의 역사를 만들었다.

한 번에 이뤄지는 것은 도전이 아니다. 남들이 모두 쉽게 하는 것도 도전이 아니다. 불가능을 가능으로 만드는 것, 무에서 유를 창조해내는 능력이 바로 도전이다. 한두 번 해보고 포기하는 것이 아니라 수없이 부딪히는 '무한 도전'이어야 한다. 편안한 길 대신에 험난하지만 나만의 길을 가야 하는 것이다.

청춘이여! 지금 당신은 무엇에 도전중인가요?

"행복의 비결은
　좋아하는 것을
　많이 하는 것이며,
　성공의 비결은
　내가 하고 있는 것을
　좋아하는 것이다"

01

김범수

• • • **김범수는 누구**

카카오톡을 국민 메신저로 만든
카카오톡 창업자. 32세에 온라인
게임회사 '한게임'을 창업해 게임
의 패러다임을 바꿔놓았다. 이후
네이버를 공동창업한 뒤 퇴사해
'카카오톡 신화'를 만들어냈다. 포
털 사이트 다음과 합병해서 다음
카카오 이사회의장으로 활동하고
있다.

카카오톡을 만든 김범수의 '도전'

청년 김범수가 새로운 비전을 찾아 남들이 부러워하는 안정적인 직장 '삼성 SDS'를 박차고 나온 것은 그의 나이 32세 때이다. 만 6년 7개월간의 직장생활은 청년 김범수에게 큰 자신감을 심어줬다.

그는 서울교대 근처 오피스텔에서 게임사업을 시작했다. 하지만 IMF 외환위기로 그는 쫄딱 망하고 말았다. 여기에서 주저앉을 수는 없었다. 자존심이 허락하지 않았던 것이다.

"좋아하는 일에서 꿈을 찾자"

실패는 청년 김범수를 오히려 강하게 만들었다.

"이왕 할 바에 크게 하자."

청년 김범수는 사채까지 얻어 서울 행당동 한양대학교 앞에 국내 최대 규모의 PC방을 차렸다. 바둑, 포커 등 온라인 게임을 개발한데 이어 PC방 관리 프로그램을 개발해 돈을 벌었다.

김 의장은 "게임방 사업을 하며 고객의 니즈나 효율적인 경영 방법을 파악하는 것은 물론 최일선에서 게임 사업 운영의 어려움을 상세히 파악할 수 있었다"라고 회고했다. 위기를 넘긴 청년 김범수는 한게임을 창업했다. "사람들이 모여 놀 수 있는 공간을 인터넷에 만들면 어떨까?" 이 같은 아이디어로 출발한 사업은 예상을 적중했다. 가입자 수 100만 명 이상을 확보하며 승승장구 하게 된다.

서버 용량이 늘어나자 이를 감당할 수 없었던 청년 김범수는 네이버컴과 회사를 합병해 네이버를 탄생시켰다. 당시 시장점유율이 낮았던 네이버는 한게임의 수익 창출에 힘입어 포털 사이트 1위로 순식간에 올라섰다.

네이버가 안정을 찾자 중년의 나이가 된 43세의 중년 김범수는 2009년 회사를 떠나 다른 도전을 시작했다. 모든 것을 버리고 '모바일 메신저 개발'이라고 하는 벤처를 시작한 것이다.

이렇게 해서 탄생한 것이 바로 '카카오톡 성공신화'이다. '공짜 메신저' 카카오톡은 국민 앱이 되었고 대한민국 국민은 음성이 아닌 문자로 대화하는 소통문화를 바꿔놓았다. 2014년 김 의장은 뜻밖의 결정을 했다. 국내 2위 포털 업체인 다음커뮤니케이션과 전격 합병한 것이다.

합병이후 직원들에게 그는 "네이버가 1등이고 다음이 2등이다. 여러분이 같은 차선으로 달리면 어떻게 네이버를 이길 수 있겠나. 이제 새 합병법인은 노선을 갈아타야 한다"라고 하면서 강한 도전 정신을 주문했다.

김 의장은 평소에도 "아무도 가보지 않은 길을 즐겁게

"좋아하는 일에서 꿈을 찾자"

가자"라며 직원들의 도전정신을 북돋고 있다.

 김 의장 스스로 다른 사람이 가는 편안한 길을 가지 않고 '도전의 길'을 선택했기 때문이다. 대기업 직장의 길을 버리고 창업자의 길로 들어섰고 한게임과 네이버 성공신화를 만들었다. 안정된 길이 보장됐지만, 김 의장은 다시 퇴사해 '벤처 창업'을 시작했다.

 다시 카카오톡 성공신화를 만들어냈고 또다시 다음커뮤니케이션과 합병해 네이버와 경쟁을 시작했다. 한게임, 네이버, 카카오톡과 같은 성공 벤처의 신화를 또다시 만들기 위해 벤처 투자전문회사 '케이벤처그룹'을 설립했다.
 그의 도전은 어디까지 이어질 것인가?

김범수의 조언 "사회를 변화시켜라"

"소셜 임팩트 기업이 사회 변화를 이끕니다."

이게 무슨 말인가? 김 의장은 기업의 사회적 책임으로 '소셜 임팩트'를 제시하고 있다. 그가 말하는 '소셜 임팩트' 란 기업이란 혁신적인 아이디어를 통해 한 분야 또는 사회 전체의 시스템 변화를 이끌어낼 수 있어야 한다는 뜻이다.

김 의장은 이 같은 '소셜 임팩트 기업'이 됐을 때 사회변화는 물론 스스로 자립할 수 있는 재무적인 성과도 달성할 수 있다고 말한다.

그는 "전통적 사회 공헌은 기업의 재무적 성과를 기부, 자선, 봉사로 나누는 작은 행위밖에 되지 않는다"라며 '재무적 가치와 사회적 가치의 교집합이 바로 소셜 임팩트'라고 강조한다. 김 의장이 모바일시대 사회를 바꿀 '소셜 임팩트'를 생각해낸 게 바로 카카오톡이다.

그는 모바일 시대 핵심은 '커뮤니케이션'이라 판단했다. '모바일 시대, 어떻게 세상을 바꿔놓을 것인가?'를 고민하다 김 의장은 2010년 '카카오톡'을 세상에 내놓았다. 이제 온 국민이 카카오톡 없이 살기 힘들 정도가 됐다. 카카오

"좋아하는 일에서 꿈을 찾자"

톡은 대한민국의 소통문화 자체를 완전히 바꿔놓았다.

　카카오톡 사용을 통해 사진은 물론 문서 등 중요한 서류까지 손쉽게 전달할 수 있도록 함으로써 개인은 물론 기업의 업무 프로세스까지 획기적으로 바꿔놓았다. 이것이 바로 '소셜 임팩트 기업'의 힘이다.

　김 의장은 카카오톡을 개발하면서 서비스 하나를 내놓는 것보다 '플랫폼'을 만들어 사람들을 연결시키는 게 중요하다고 생각했다.

　"무엇을 만들어 팔까?"를 고민한 게 아니라 사람들이 만날 플랫폼이 완성되면 비즈니스는 손쉽게 접목할 수 있다고 믿었다. 그 결과 카카오톡 누적 가입자 수는 1억 6500만 명이 넘는다. 이렇게 가입자들이 많아지자, 이들은 카카오톡의 수익을 창출해주는 원동력이 되었다.

　카카오톡의 기업용 계정 '플러스 친구'는 기업에게 마케팅 기회를 제공한다. '카카오게임' 가입자 수는 5억 명, 판

매액은 1조 원이 넘는다. 최근에는 온라인 송금 서비스까지 시작했다.

김 의장은 "기업이 참신한 아이디어만 있다면, 지속적으로 사회를 올바른 방향으로 변화시켜 갈 수 있다"라고 믿는다. 그의 창업은 돈을 벌기 위한 것이 아니었다. "나의 창업 스토리는 문제를 발견하고 모순을 정의하고 사고를 전환해 문제를 해결하는 과정의 연속이었다"라고 강조한다.

한 게임을 예로 들어보자. 김 의장은 업계 최초로 인터넷에서 게임을 다운받아 설치 실행하는 '인터넷 클라이언트' 게임을 개발해 게임의 패러다임을 바꿔놓았다. 마우스 클릭만으로 누구나 손쉽게 게임을 즐길 수 있도록 한 것이다. 자판기의 키보드를 이용해 즐기던 불편한 게임 시대를 끝낸 것이다.

김 의장의 '도전'은 이처럼 단순히 돈을 버는 '기업가'가 아니라 세상을 바꾸는 '혁신가'에 초점이 맞춰져 있다. 김

"좋아하는 일에서 꿈을 찾자"

의장은 "세상을 조금이라도 살기 좋은 곳으로 만들고 떠나는 것이 성공한 삶이다"라고 말한다.

그는 특히 "행복의 비결은 좋아하는 것을 많이 하는 것이며, 성공의 비결은 내가 하고 있는 것을 좋아하면서 하는 것이다"라고 강조한다.

'미다스의 손' 김범수의 또 다른 '도전'

한게임 창업을 시작으로 네이버, 카카오를 거쳐 다음카카오의 성공신화를 만든 김범수 의장. 그가 또 다른 도전장을 냈다. "저는 대한민국 벤처기업 육성을 저의 사명으로 생각하고 있습니다. '제 2의 카카오' 같은 기업을 탄생시켜야죠."

이 같은 사명감으로 김 의장은 벤처 투자전문회사 '케이벤처그룹'을 출범시켰다. 우리나라의 미래를 이끌 벤처기업을 찾아내 육성하겠다는 김 의장의 원대한 꿈이 반영된 것이다. 자본금은 1,000억 원에 달한다.

김 의장은 실리콘밸리형 벤처 생태계가 한국에도 필요하다고 믿는다. 성공한 기업이 공격적인 투자로 성장 잠재력이 있는 벤처를 발굴해 지원하는 메커니즘이 만들어져야 한다는 것이다.

이 같은 생각에 따라 김 의장은 2012년 '케이큐브벤처스'라고 하는 개인 투자사까지 설립했다. 아이디어나 기술만 가진 신생 벤처기업이 제대로 성장할 수 있도록 끌어주겠다는 생각에서다. 이 같은 생각 속에는 '소셜 임팩트 기업'을 육성하겠다는 김 의장의 강한 의지가 반영돼 있다.

그는 "실리콘밸리를 가서 보니 선순환 생태계가 매우 중요하다는 사실을 알게 됐다"라며 "케이큐브벤처스 등을 통해 초기 기업에 투자하고 있다"라고 밝혔다.

그는 이어 "앞으로 소셜 임팩트 스타트업(창업기업)에

"좋아하는 일에서 꿈을 찾자"

더 크게 투자하고 싶다"라며 "사회를 지속적으로 발전, 변화시킬 수 있는 가장 효율적인 조직은 기업이다"라고 강조했다.

김 의장의 또 다른 도전은 이처럼 '소셜 임팩트 기업'을 육성하는 일이다. 그는 100인의 CEO 양성 프로젝트를 추진 중이다. 현재까지 총 36명의 CEO를 지원하고 있다. 그의 도전이 대한민국을 변화시킬 또 다른 스타기업을 탄생시킬 것으로 보인다.

김범수의 청년시절 "세상을 6개월 뒤 관점에서 봤죠"

김 의장은 1966년 3월 서울에서 2남 3녀의 맏아들로 태어났다. 그의 어린 시절은 가난함 그 자체였다.

전남 담양에서 농사일만 하고 살았던 부모님이 자녀 교육을 위해 서울로 올라왔지만 자리를 잡지 못한 상태에서 할머니까지 모두 8명의 가족이 함께 생활해야 했다.

아버지는 막노동과 목공일을 했고 어머니는 지방에 머물며 식당일을 했다. 소년 김범수가 중학생이 됐을 때 아버지가 정육 도매업을 시작해 작은 집을 마련하기도 했지만, 이것도 잠깐이었다. 사업이 부도나면서 여덟 식구가 단칸방 하나에 의지해 힘겹게 살았다.

그럼에도 학생 김범수는 공부에 대한 끈을 놓지 않았다. 혈서까지 쓰며 독하게 재수를 해서 1986년 서울대학교 공과대학에 입학했다. 가정 형편도 어려운데 재수까지 했던 학생 김범수는 부모님께 늘 죄송스런 마음이었다. 그래서 대학등록금을 벌기 위해 열심히 아르바이트를 하면서 컴퓨터를 알게 됐다.

그런데 아르바이트로 처음 산 조립 PC가 그의 운명을 바꿔놓았다. 처음으로 PC 통신을 접하게 됐다. 수많은 자료와 사람들이 연결되어 정보를 공유할 수 있다는 사실에 깜짝 놀랐다.

대학생 김범수는 'PC 통신의 미래가 어떻게 될까'를 고민했다. 졸업 후 삼성 SDS에 입사해 PC 통신 서비스 '유니텔'을 기획했지만, 그는 프로그래밍을 할 줄 몰라 막막해했다.

김 의장은 "그 당시 6개월 뒤 동료들을 앞서려면 어떻게 해야 할까를 고민한 끝에 프로그래밍의 기본을 건너뛰고 윈도우를 먼저 공부했다."라고 회고했다. '6개월 후 어떤 변화가 올까'를 먼저 고민해 남들이 모르는 분야를 먼저 공부했던 것이다. 그 결과 그는 인터넷의 가능성을 알게 됐고 사내 강사까지 하게 되었다.

김 의장은 이후 '6개월 후 어떤 변화가 올까'를 고민하고 남다른 관점에서 상황을 바라보고 판단하는 것이 습관이 됐다고 말한다. 나아가 '김범수의 6개월 원칙'이 되었다.

그는 "인생에서 이뤄낸 많은 성공의 경험들은 이 같은 관점의 변화가 있었기 때문에 가능했다"라고 강조한다.

일본의 홋카이도 최북단에 위치해 아무도 찾지 않았던 '아사히야마 동물원'은 동물원 영업의 관점을 '체험하는 동물원'으로 바꾼 뒤 세계적인 동물원이 된 것도 관점을 바꾼 결과였다. 또 전자시계의 등장으로 시계산업이 몰락하자 스위스의 시계회사 스와치는 시계의 관점을 '패션제품'으로 바꿔 산업을 다시 일으켜 세웠다.

이처럼 김 의장은 "같은 것을 보면서 다른 생각을 한다는 것이 쉬운 일은 아니지만, 다른 사람들이 다 생각하는 것이 아닌 다른 것을 생각하려는 연습을 계속하다 보면 어느 순간 내재화될 수 있다"라고 말한다.

"좋아하는 일에서 꿈을 찾자"

'내가 안 되는 건, 열심히 안 해서 그런거야'
라는 식으로 스스로에게 희망을 고문해선 안된다.
희망조차 고문하며, 스스로를 달달 볶아야 살아남는
지금 세상에 대해 이의 있다.

힘들수록 내가 좋아하는 것, 내가 잘하는 것에서 출발해야 한다.
같은 것을 보고, 같은 놀이를 해도 다르게 생각하는 것,
다른 관점으로 사물을 보고 접근하는 것,
이걸 내재화하고 습관화하면 경쟁력이 되는 것이다.

PC통신을 처음 봤을 때 '이제 뭐야, 대체'라고 할 수 있었던 것,
동료들이 포트란이라는 현재에 매몰됐을 때
다 건너뛰고 '다음엔 뭐지?'하며 윈도와 유니텔에 집중할 수 있었던 것,
모두가 인터넷에 대해 두루뭉술한 느낌을 가지고 있을 때
'인터넷이 뭐야'하며 온라인으로 밤새 노는 것에 주목할 수 있었던 것,
아이폰이 처음 나왔을 때 '이 새로운 것으로 무얼 하지?'
라며 근본적 질문을 던질 수 있었던 것, 한발 앞서 주목하고 질문하기,
이게 바로 경쟁력이고 성공비결이다.

(공신닷컴,'카카오톡' 김범수 "악착같이 살지마" 의외의 조언 기사 중에서)

"모두가

　하나의 꿈을 꿀 때

　그 꿈이

　강한 현실이 될 수 있다"

02

서 경 배

• • • **서경배는 누구**

선택과 집중의 '한 우물 전략'으로
화장품 한류를 일으키고 있는 아
모레 퍼시픽 그룹 회장. '동양적 미
의 창조자'란 경영철학을 앞세워
한국 화장품의 한류와 K-뷰티 세
계화에 앞장서고 있다. 4조원의 매
출을 돌파하며 국내 최초로 주식
가격이 150만 원을 넘는 '황제주'
를 만들었다.

글로벌 '뷰티왕국'을 만든 서경배의 '도전'

"화장품 하나로 세계를 제패하라"

대한민국 1등 화장품회사인 아모레퍼시픽그룹 서경배 회장이 스스로에게 던진 도전 과제다. 그는 왜 이 같은 도전 과제를 설정했을까?

그는 부친인 서성환 선대 회장에게 화장품사업을 유산으로 물려받았다. 그것도 장남인 서영배 태평양개발 회장이 아닌 차남으로 가업을 물려받게 되었다.

이 같은 배경 때문에 서 회장은 "태평양을 세계 1등 기업으로 키워내겠다"라는 욕망이 누구보다 강했다.

"한우물을 파자"

아버지가 창업한 회사를 그대로 지키기만 하면 기업의 미래는 없다고 믿었기 때문이다.

아모레퍼시픽은 개성 자택 부엌에서 동백기름을 만들어 시장에 내다팔던 할머니 윤독정 여사의 '부업'이 창업의 모태가 됐다. 부친 고(故) 서성환 회장은 1945년 모친의 가내수공업인 '동백기름'사업으로 태평양을 창업해 국내 1등 화장품 회사로 성장시켰다.

서경배 회장이 회사를 물려받은 것은 1997년 34세의 젊은 나이였다. 10년간 태평양에서 사원으로 경영수업을 받았지만, 그가 물려받은 회사는 '문어발 회사'였다. 1990년대 재계에선 저마다 사업 다각화가 유행이었기 때문에 태평양도 다양한 업종에 진출해 있었다.

청년 서경배는 "세계 1등 로레알과 경쟁하려면 선택과 집중을 해야 한다. 지금의 문어발식 경영의 정리, 해외시장 진출이 발전의 답일 것이다"라는 두 가지 결론을 내렸다.

1등을 지켜내기 위해 아버지가 일궈낸 회사의 뼈와 살을 깎는데 집중했다. 좌우명 '정진(精進)'을 경영에 접목하면서 오직 잘할 수 있는 일, 화장품 사업에만 초점을 맞춰 한 우물만 팠다.

"모든 일을 다 잘하려 하면 어느 한 가지도 잘할 수 없는 법이다. 세계의 위대한 기업들은 남이 하는 일을 따라하지 않고 자신이 잘할 수 있는 일에 충실했다. 아모레도 세계 최고가 될 수 있는 일에만 집중해야 한다."

이 같은 신념에 따라 패션, 건설, 증권, 금융, 전자 등 화장품과 관련 없는 회사를 모두 팔아치웠다. 야구단 '태평양 돌핀스'까지 팔아 화장품이란 본업에 매진했다. 24곳에 이르던 계열사는 현재 9개로 줄어든 상태다.

2000년 후반에는 화장품 브랜드도 소수 정예로 몇 개만 남기고 정리했다. 설화수, 라네즈, 마몽드, 이니스프리, 에뛰드를 '5대 글로벌 챔피언 뷰티 브랜드'로 정해 에너지를 집중시키고 역량을 키워갔다. 설화수와 라네즈는 프리미

"한우물을 파자"

엄 고객을, 마몽드는 그 중간인 매스티지(Masstige-명품의 대중화) 고객을 타깃으로 했다.

이 같은 서 회장의 '선택과 집중'은 적중했다. 아모레는 도약의 날개를 달기 시작했다. 2014년 4조원의 매출을 돌파한데 이어 2015년 5조원의 매출을 넘어선다.

'아시안 뷰티 크리에이터(Asian Beauty Creator-동양적 미의 창조자)'를 경영 목표로 '선택과 집중'을 통해 도전을 시도한 서경배 회장. 그는 화장품 하나로 '화장품 왕국 세계 1등'에 도전하고 있다.

서경배의 제 2도전 "중국을 무너뜨려라"

서 회장의 꿈은 원대하다. 대한민국을 대표하는 글로벌 1등 '화장품 왕국'을 만드는 일이다.

"아모레퍼시픽이 글로벌 뷰티 1위 기업이라는 꿈을 향해 달려가고 있습니다." 서 회장의 꿈은 'K-뷰티', 한국인

미의 위상을 전 세계에 뽐내는 것이다.

　서 회장은 이를 위해 중국 시장에 집중하고 있다. 1992년 29세의 청년 서경배는 한중 수교가 이뤄지자 곧바로 중국행 비행기에 몸을 실었다. 그리고 선양(瀋阳)에 지사를 설립했다. 서 회장은 "당시 한국에서도 화장품 산업의 미래는 불투명한데, 대부분 중국에서 어떻게 화장품 사업을 하냐며 부정적이었다"라고 당시의 반응을 회고한다.

　하지만 그는 먼 훗날 중국이 한국에 커다란 기회를 제공해줄 것으로 굳게 믿었다. 아모레퍼시픽은 현재 북미, 서유럽, 동남아시아, 중화권, 일본 등 세계 5개 권역을 중심으로 글로벌 사업을 펼치고 있다. 특히 중국, 미주, 프랑스를 3대 축으로 사업 역량을 집중하고 있다.

　그는 해외시장을 공략하지 않으면 '글로벌 1등'을 할 수 없다는 생각으로 해외진출을 했던 것이다. 중국시장에서의 적자는 14년간 이어졌고, 투자대비 실적이 기대만큼 나

　　　　　　　　　　　"한우물을 파자"

오지 않았지만, 서경배 회장은 '미래를 위한 투자'라고 생각했다. 결코 서두르지도 않고 뚝심 있게 기다리며 차근차근 현지투자를 늘려갔다. 드디어 2007년 15년 만에 중국 시장에서 첫 흑자가 실현됐다.

현재는 매출의 10%가 중국에서 나온다. 2020년 매출비중을 28%로 끌어올려 중국에서만 3조원 이상의 매출을 올리는 것이 서 회장의 도전과제다.

"저희는 세계에서 가장 큰 회사가 되기보다 사람들의 삶에 긍정적인 변화를 주고 고객들로부터 깊은 신뢰와 지지를 받는 그런 화장품 전문회사가 되길 희망합니다."

서 회장은 이 같은 생각에 따라 '동양 이미지'전략으로 세계시장을 공략하고 있다. 대표작이 설화수다. 대한민국의 문화와 감성, 철학을 이 제품에 담았다. 설화수는 전통과 현대를 잇는 문화 메세나(Mecenat-기업의 문화예술 지원을 통한 사회 공헌과 국가 경쟁력에 이바지 하는 활동)로 예술, 문화, 장인을 후원하면서 미와 감성을 전파하는 방식으로 현지 고객들의 마음을 사로잡고 있다.

서 회장은 대한민국의 고유한 이미지를 콘셉트로 한방 화장품 개발에 몰입, 큰 반향을 일으켜 한국에서 한방화장 품을 유행시켰고 이를 앞세워 설화수를 세계시장에서 명 품 한방뷰티의 상징으로 만드는데 도전하고 있다.

서 회장의 마음은 지금 매우 바쁘다. 13억 인구 중국을 무너뜨린 뒤 세계 1등을 향해 나아가야하기 때문이다.

이 같은 비전을 담아 서 회장은 '2020년 원대한 기업 (Great Global Brand Company)'의 비전을 선포했다. 2020 년 아시아 1위, 세계 7위로의 도전과제를 선포한 것이다.

이를 통해 매출 11조원의 글로벌 기업에 도전할 생각이 다. 2013년 창립 68주년 기념식에서는 "가까운 미래에 회 사 전체 매출의 51% 이상을 한국 밖에서 내겠다"라는 포 부를 밝혔다.

"한우물을 파자"

  수천억 원대의 매출에 불과하던 기업을 수 조원대의 글로벌 명품기업으로 탈바꿈시킨 서경배 회장. 아버지에게 회사를 물려받았지만, 괄목할 만한 실적으로 경영능력을 아낌없이 펼쳐보였다. 그는 어떤 철학으로 세상을 놀라게 하고 있을까?

  그것은 '혁신의 리더십'을 토대로 한 '아모레퍼시픽 웨이'에 있다. 서 회장은 끊임없이 자기 자신은 물론 회사를 지속적으로 혁신할 것을 주문하고 있다. 서 회장은 "변화하지 않으면 결국 도태되고 낙오된다"라고 하면서 "언제나 새로운 것을 세상에 내놓고자 하는 열정이 바로 혁신의 정신이다"라고 강조한다. 그가 주문하는 혁신은 제품, 기술, 브랜드, 서비스 혁신의 4가지. 이들 혁신은 한결같이 '고객 중심'이 지향점이다.

  서 회장은 "모든 문제의 답은 고객에게 있다"라며 "고객

중심적 사고에서 바라보려는 시각, 고객을 제대로 이해하려는 노력이 혁신의 기본이다"라고 강조한다.

증권시장에서 아모레퍼시픽을 투자자들은 '황제주'라고 말한다. '황제주'란 기업가치가 높아 우리나라에서 주당 100만 원이 넘는 주식을 일컫는다. 롯데칠성, 삼성전자, 태광 산업 등 7개 기업에 불과하다.

그런데 2014년 8월 아모레퍼시픽이 주가 200만 원 대를 돌파하며 1등 황제주 자리에 등극했다. 1998년 외환위기 때 2만 원 아래까지 떨어졌던 주가는 2014년 10월 사상 최초로 250만 원을 돌파하기도 했다.

2014년 11월 세계경제전문지 블룸버그에서 발표한 '세계 200대 억만장자 순위'에 아모레퍼시픽이 처음으로 200위에 등장하게 되었다. 서경배 회장의 재산은 66억 달러

(한화 약 7조1천억 원)으로 정몽구 현대기아차 회장을 제치고 이건희 삼성전자 회장에 이어 우리나라 두 번째 주식 부자의 자리에 올랐다.

한국 기업인의 도약과 성장은 단지 개인의 영광만이 아니다. 서 회장이 '아시안 뷰티'를 전 세계에 전파하기 위한 노력들이 누적되어 총체적인 평가로 나타난 결과이다.

서 회장이 아버지 회사에 취업한 것은 대학을 졸업했던 25세였다. 청년 서경배는 과장으로 입사했지만 겸손하게 일을 배우는 데 집중했다.

"할머니와 아버지의 영향을 많이 받아 선대의 가르침에 누가 되지 않겠다는 다짐을 여러 번 했습니다."

청년 서경배는 현장과 거래처, 파트너들을 직접 찾아다니며 생생한 목소리에 귀를 기울였다. 청년 서경배는 사장으로 입사한 지 4년만인 1991년 업계에서는 생소했던 대규모 구조조정의 밑그림을 그렸다. 당시 기업들은 몸집을 불리는데 혈안이 돼 있었지만, 청년 서경배는 오히려 기업을 팔아 몸집을 줄이는 '역발상'에 도전을 한 것이다.

그는 아모레퍼시픽의 미래를 위한 초석, '선택과 도전'을 위한 밑 작업이라고 생각했다. 당시 회장이던 아버지를 설득해 시작한 단호한 결단이었다.

29세의 청년 서경배는 거침없이 24개에 이르던 계열사 중 화장품과 관련 없는 회사를 과감히 없앴다. "모든 일을 다 잘하는 것은 어느 것도 잘 할 수 없다는 뜻과 일맥상통한다고 생각했죠."

청년 서경배의 같은 결단은 곧이어 밀어닥친 금융위기에 그룹을 살리는 보약이 됐다. 나아가 글로벌 '화장품 전문기업'으로 도약할 수 있는 원동력이 되었다.

서경배 회장은 "청년이여, 미래를 보는 안목을 가져라. 결단의 순간이 오면 과감히 결정하라."라고 조언한다.

"한우물을 파자"

"혁신은 지속적인 창조경영이 뒷받침 돼야 기업 경쟁력이 됩니다. 다른 사람과 의견을 교환하는 과정에서 나온 창조적 통찰력은 개인의 통찰력보다 훨씬 큰 위력을 발휘하게 됩니다. 이런 의미에서 권한을 위임하고 그룹으로 고민하는 과정이 꼭 필요합니다.

이런 생각에서 권위주의를 버리고 수평적 조직문화를 만들기 위해 저는 2002년 7월 임직원의 직책에 따른 호칭을 모두 없앴습니다. 과장, 부장뿐 아니라 사장 호칭도 없앴습니다. 직원들은 나를 서경배 회장이라고 부르지 않고 '서경배 님'이라고 부릅니다. 호칭제도만으로 문화가 수평화될 리 없지만, 즐겁고 창의력 넘치는 일터를 만드는 데 권위주의는 오히려 가장 큰 걸림돌이 됩니다.

저는 개방, 혁신, 친밀, 정직, 도전의 5가지 '아모레퍼시픽 웨이'를 직원들에게 주문하고 있습니다. 개방이란 나만이 옳은 것이 아니라 '남도 나와 같이 옳다'라고 생각하는 것으로 내 주위의 환경이 변하면 나도 함께 변해야 한다는 자세입니다.

혁신이란 언제나 새로워지기 위해 노력하는 열정을, 친밀이란 서로 사이가 좋은 평등관계를 추구하는 자세를 말합니다. 정직은 어떤 일이든 '나의 일, 내 가족의 일'처럼 진정을 다하는 마음가짐이죠. 마지막으로 도전에 대해 말씀드리자면, 도전이란 '현재에 안주하지 않으려는 마음', '150%의 목표를 세우고 이를 함께 달성하고자 하는 열정'을 뜻합니다."

'도전'의 아이콘

| 스 티 브 잡 스 |

"사람이란 꿈을 가져야합니다

  그리고 그 꿈은 자신이 진정으로 원하고

  하고 싶은 일이여야 합니다.

  늘 갈망하며 우직하게 전진하십시오

  (Stay Hungry Stay Foolish)."

스티브 잡스는 누구
세계 최초로 개인용 컴퓨터 '애플'을 만
든 애플의 창업자. 아이맥, 아이팟 등 혁
신제품을 잇따라 선보이며 창조의 아이
콘이 됐다. 특히 스마트폰 아이폰을 대
중화시켜 '스마트폰 혁명'을 일으켰다.
세계 최초로 3D 애니매이션을 만들어
만화영화의 판도를 바꿔놓았다.

창조 아이콘 스티브 잡스의 '무한도전'

태어나자마자 양부모에게 입양된 스티브 잡스의 삶은 한편의 드라마와도 같다. 입양아란 사실을 알게 된 잡스는 공부를 하지 않았다. 항상 낙제생이었고 독선적인 성격 때문에 외톨이였다. 마약을 할 정도였다. 자기만의 세계에 빠져 친구들로부터 '왕따'를 당했다. 대학은 배울게 없다며 자퇴했다.

하지만 5살이 많았던 고등학교 선배 스티브 워즈니악을 만나면서 인생이 바뀌기 시작했다. 그를 통해 IT에 심취한 것이다. 청년 잡스는 IT를 알게 되면서 정말 좋아하는 일을 컴퓨터에서 찾게 되었다. 청년 잡스는 워즈니악과 21세에 애플을 창업한다. 사람들은 둘의 만남을 외톨이 몽상가 잡스와 천재 기술자 워즈니악과의 만남이라고 말한다.

잡스의 모토는 불가능과 혁신에 도전하는 일이었다. 잡스는 세계 최초로 개인용 컴퓨터 개발에 도전했다. 그리고 개인용 컴퓨터 '애플'을 세계 최초로 개발해 PC를 대중화시키며 '컴퓨터 혁명'을 일으켰다. 애플I, 애플II, 맥킨토시가 대박을 터트리며 '애플 신화'를 창조해냈다. 27세 청년 잡스는 20대의 거부로 미국 시사주간지 〈타임〉 표지에 등장하며 명성이 절정에 달했다. 하지만, 특유의 오만과 독선으로 잡음이 일면서 30세 자신이 창업한 회사에서 쫓겨나는 신세가 된다.

하지만 그는 "회사를 또 만들어 성공하면 되지."라며 낙담하지 않았다.

잡스는 컴퓨터 회사 넥스트를 창업하고 컴퓨터 그래픽 업체 픽사를 인수했다. 이번엔 애니메이션에 도전했다. 세계 최초로 3D 애니메이션으로 만화영화의 판도를 바꿔놓았다. 디즈니와 제휴해 〈토이 스토리〉를 시작으로 〈니모를 찾아서〉, 〈몬스터주식회사〉 등의 대박신화를 만들며 억만장자의 반열에 올랐다. '3D 만화영화'라는 새로운 장르를 탄생시켰다.

"꿈은 꾸면 이루어진다"

잡스의 나이 41세. 그를 쫓아냈던 애플은 잡스의 넥스트를 인수하며 그를 최고경영자로 다시 불렀다.

'왕의 귀환'은 남달랐다.

잡스의 도전정신이 또다시 작동했다. 기존의 회색컴퓨터를 배격하고 혁신적인 디자인과 화려한 색으로 무장된 '아이맥(iMac)'을 선보였다. 적자에 허덕이던 애플은 순식간에 흑자로 돌아섰다. 이에 그치지 않고 잡스는 음악에 눈을 돌렸다. 온갖 음악을 다운받을 수 있는 '아이튠즈'를 개발한데 이어 2001년 '아이팟'이라고 하는 MP3를 개발해 세계적인 히트상품을 만들었다. 사람들은 그가 만든 제품에 열광했다.

잡스의 도전은 여기에서 멈추지 않았다. 2007년 아이폰을 만들어 스마트폰 혁명을 일으켰다. 이어 태블릿 컴퓨터 아이패드를 발표해 세상을 놀라게 했다.

하지만 잡스는 무한 도전 속에 자신의 건강을 지키지 못했다. 56세의 젊은 나이로 세상을 떠났다.

잡스의 삶은 그야말로 '새로움'과 '혁신', '세계 최초'를 향한 도전의 연속이었다. 그는 언제나 '꿈'을 이야기했다. 초창기 가진 것이 하나도 없었지만 그는 꿈을 꾸었고 그 꿈을 많은 사람들에게 자랑했다. 그 '꿈'은 다른 사람들에게 몽상처럼 들렸지만, 잡스에게는 무언가 거부할 수 없는 마력과도 같은 것이었고 그를 지탱시킨 원동력이었다.

잡스는 자신이 꾸는 '꿈'은 당연히 이루어진다고 믿었으며 추호의 의심도 하지 않았다. "꿈은 꾸면 이뤄진다"는 것이 바로 '잡스의 마법'이다.

잡스는 대학 졸업식에서 청춘들에게 '꿈'을 다음과 같이 이야기한다.

"여러분이 사랑하는 일을 찾아야 합니다. 그 일을 아직 찾지 못했다면 계속 찾으세요. 때로는 인생이 배신하더라도 결코 믿음을 잃지 마십시오. 저를 계속 움직이게 했던 힘은 제 일을 사랑하는 것뿐이었습니다. 누구나 인생의 시간은 한정되어 있습니다. '일'은 인생의 대부분을 차지합니다. 그런 거대한 시간 속에서 진정한 기쁨을 누릴 수 있는 방법은 스스로가 위대한 일을 한다고 자부하는 것입니다.

자신의 일을 위대하다고 자부할 수 있을 때는 사랑하는 일을 하고 있는 그

"꿈은 꾸면 이루어진다"

순간뿐입니다. 현재를 함부로 살지 마십시오. 이 시간들은 자기 자신의 미래와 반드시 연관돼 있어야 합니다. 현실에 주저앉지 마십시오.

젊은이들이여! 사람이란 꿈을 가져야 합니다. 그리고 그 꿈은 자신이 진정으로 원하고 하고 싶은 일이여야 합니다. 늘 갈망하며 우직하게 전진 하십시오 (Stay Hungry Stay Foolish)."

(2005년 6월 미국 스탠포드 대학 졸업식 연설문 중에서)

'도전'의 아이콘

| 엄   홍   길 |

"꿈을 향해 거침없이 도전하라.

꿈과 희망을 찾아

도전하는 삶이 아름답다."

엄홍길은 누구
세계 최초로 히말라야 16좌 등정에 성
공한 산악인. 어린 시절 산 중턱에 살게
되면서 산을 사랑하게 됐고 세계 최고봉
에베레스트 정복의 꿈을 키웠다. 25살
때부터 22년 동안 38번 도전해 20번 등
등정하고 18번 실패했다. 그는 산의 겸
손함에서 위대함을 배우고 있다.

에베레스트를 정복한 엄홍길의 '도전'

"꿈을 향해 거침없이 도전하라."

세계 최초로 에베레스트를 완등한 한국 산악인 엄홍길. 그는 이 말을 평생 가슴속에 담고 살고 있다. 엄홍길은 세 살 때부터 서울 도봉산 중턱에 살았다. 이 때문에 초등학교와 집까지 왕복 1시간가량 산을 올라야 했다.

"왜 부모님은 이런 산골짝에 이사를 와서 자식들을 힘들게 할까?"라며 부모를 원망했다. 하지만, 곧 생각을 바꿨다. "산을 사랑하자. 산 자체가 내 삶이요, 터전 아닌가" 라고 생각을 바꾸자 산이 좋아지기 시작했다.

중학교 2학년이 되면서 엄홍길은 산을 사랑하게 됐고 아예 산에 푹 빠져들게 됐다. 등산객과 친구가 됐고 가져온 장비들을 보며 등반에 대해 본격적으로 눈을 뜨게 됐다. 1977년 9월 고등학교 2학년 때 엄홍길은 텔레비전을 보고 가슴이 뛰었다.

엄홍길은 "고상돈 씨가 한국인 최초로 에베레스트 산 등정에 성공했다는 뉴스를 보고 당시 심장이 멈추는 것 같았다"라며 "태극기를 든 자랑스러운 모습에 가슴이 뭉클했다"라고 말한다.

"정말 멋있구나. 저런 세계가 있다니. 나도 한번 해봐야겠다"라고 다짐했다.

이날 이후 고등학생 엄홍길은 히말라야 설산을 동경하게 됐다.

"나도 저 꿈을 향해 달려 가보자."

고등학교 졸업과 동시에 엄홍길은 아예 입산을 결심했다. 한라산에서 설악산에 이르기까지 다람쥐처럼 산을 헤집고 다녔다. 차츰 산에 대한 시야를 넓히면서 등반에 대해 눈을 떴다.

육지와 땅에 대해 자신감을 얻은 청년 엄홍길은 바다를 정복해보고 싶어서 21세 해군 UDT 부대에 자원입대했다.

"포기란 없다"

인생을 바꾼 최고의 선택이었다.

피나는 훈련은 정신적, 육체적으로 강인한 엄홍길을 만들어줬다. 드디어 혈기 왕성했던 25세 청년 엄홍길은 해발 8848m 세계 최고봉 에베레스트 산 등반에 첫 발을 내디뎠다. 하지만 함께 산을 오르던 셰르파(현지 등산 안내인)가 사고로 목숨을 잃는 바람에 두 번 연속 실패를 해야 했다.

하지만 다시 도전했다. 28세가 되어 세 번째 도전 끝에 세계 최고봉 에베레스트 등정에 성공했다. 하지만 이후 16좌 완등까지는 숱한 좌절이 이어졌다.

하지만 숱한 좌절에도 불구하고 그는 희망의 불씨를 이어갔다. 그는 22년 동안 38번 도전해 20번 등정하고 18번 실패했다. 세계에서 7번째로 높은 '로체샤르(8382m)'는 3번 실패 끝에 정상에 올랐다. 특히 5번 도전 끝에 정상에 오른 '안나푸르나(8091m)'는 엄홍길을 죽음의 문턱까지 몰고 갔다. 추락 사고로 오른쪽 발목이 180도 돌아가며 덜렁거리는 상황이 됐지만, 10개월 뒤 다시 도전했다.

의사는 "평생 휠체어 신세를 지려면 가도 좋다"라는 말로 만류했지만 엄홍길은 산에 올랐고, 불굴의 도전정신으로 정상에 올랐다.

엄홍길은 말한다.

"산은 나에게 도전정신, 모험정신, 개척정신, 탐험정신을 심어줬다. 1% 희망만으로 99% 절망을 이겨낼 수 있다는 확신을 줬다. 내가 목숨 걸고 산에 올랐던 것은 꿈과 희망을 찾아 도전하는 삶이 아름답다, 인생에 포기란 없다는 사실을 전파하고 싶어서였다."

"포기란 없다"

Part 03

성실의
주문

. . .

성공을 향해
하루하루
최선을 다하자

성실 _

정성스럽고 참됨.

청춘이여! 성공주문을 외쳐라!

'성실'이라는 단어에는 '최선을 다한다'라는 의미와 함께 '진실 되고 올바르게 행동한다'라는 뜻이 모두 포함돼 있다. '온갖 힘을 다하려는 참되고 성실한 마음'이 '정성'을 뜻하고 '진정성 있게 행동하는 것'이 '참됨'의 의미이기 때문이다.

세상을 바꾼 영웅들은 '성실'을 중요한 삶의 모토로 삼았다. 독일 철학자 임마누엘 칸트는 1분 1초도 헛되이 쓰지 않는 지독한 성실성으로 '시계'라는 별명까지 얻었다.

애국 계몽운동으로 애국정신을 일깨운 독립운동가 도산 안창호. 그는 "죽더라도 거짓이 없어라. 농담으로라도 거짓을 말아라. 꿈에라도 성실을 잃었거든 통회하라"라는 말로 학생들에게 성실과 진실을 요구했다.

도산은 성실의 중요성을 앞세워 '무실역행(務實力行)'을 근간으로 도산사상을 만들어냈다. '무실(務實)'이란 참되기를 힘쓰자는 것이며 '역행(力行)'이란 힘써 행하자는 것이다. '실천하는 지식인이 되어야 하고 탁상공론을 피하고 먼저 몸소 실천하는 사람이 되라'는 것이 핵심 메시지이다.

도산은 살아생전 청년들을 향해 "흔히 사람들은 기회를 기다리고 있지만 기회는 기다리는 사람에게는 잡히지 않는 법이다"라며 "우리는 기회를 기다리는 사람이 되기 전에 기회를 얻을 수 있는 실력을 갖추어야 한다"라고 가르쳤다.

유교경전인 중용은 25장에서 성실의 중요성에 대해 '성실함
이란 만물의 처음이요 끝이니, 성실하지 않으면 만물이 존
재하지 않는다'라고 기록하고 있다.

이를 종합해볼 때 성실은 성공을 하는 데 있어 매우 중요한
덕목 중 하나다. 어떤 일에 대한 목표를 정해 이를 달성하기
위해 꾸준히, 그리고 열심히 노력하는 자세가 바로 성공한
영웅들이 갖고 있는 성실의 실체이기 때문이다.

청춘이여! 여러분은, 성공을 향해 얼마나 성실하게 묵묵히
달려가고 있나요?

"청년 여러분,

　하루하루 최선을 다하세요.

　저도 정말

　열심히 최선을 다해

　살았거든요."

유재석

유재석의 무명 시절

어린 시절 유재석은 장난기가 많은 아이였다. 소풍이나 학교 축제 때는 오락부장을 도맡을 만큼 남들을 웃기는 것을 좋아했다. 이 때문에 그는 초등학교 때부터 개그맨을 꿈꾸기 시작했다.

유재석은 "초등학교 때부터 친구들 웃기는 걸 너무 좋아했다"라며 "자연스럽게 개그맨이 인생의 목표가 됐다"라고 말한다. 서울예술대학에 들어가자마자 'KBS 대학개그제'에 나갔다. 대학은 졸업하고 도전하라고 교수가 말렸

"하루하루 최선을 다하자"

지만 개그맨이 너무 되고 싶었기에 도전했다. 장려상을 받았다.

방송국 생활이 이어지면서 1학년을 무려 4년이나 다녀야 했다. 학점이 2학년에 올라갈 수 없는 정도였다. 대학생 유재석은 고심 끝에 자퇴를 결정했다.

그는 대학보다 개그맨으로서 성공의 길을 선택한 것이다. 하지만 방송인으로서는 치명적인 '카메라 울렁증'이 그를 추락하게 만들었다.

연습 때는 잘하다가도 무대만 서면 덜덜 떠는 것이었다. 대사도 전혀 생각이 안 났다. 구제불능이 따로 없었다. "잘해서 반드시 인정받으리라"고 각오를 했지만, 점점 부담이 커져 무대에 오르기만 하면 행동이 경직되고 입술까지 파르르 떨렸다. 이 같은 핸디캡은 개그맨 유재석을 더욱더 무명의 늪에 빠지게 했다. 큐 사인이 나는 순간 머릿속이 하얘지고 입조차 열지 못했다.

20대 초반의 무명 청년 유재석에게는 힘겨운 고통의 시간이었다. 너무 무명이 서러워 청년 유재석은 "서른 살까지 노력해보고 안되면 기술을 배워야겠다"라고 결심까지 했다. 그러던 어느 날, 너무 간단하고 쉬운 답을 얻었다.

　"내가 못하는데 왜 내 탓은 안 하고, 나를 몰라주는지 남 탓만 했을까!"
　유재석은 그동안 계속 고민하던 문제점에 대한 해답을 자신에게서 찾았다. 단역이 주어지면 "왜 PD는 나를 몰라주지"라고 상대방 탓을 했던 자신을 바꿔 "단역이라도 최선을 다해 성실하게 캐릭터를 연구해 최고 웃긴 장면을 연출해야지"라고 생각을 바꿨다.

　비록 단역이라도 폭탄 맞은 역할이 주어지면 폭탄 머리를 하고 검댕이 분장을 하고 옷도 최대한 처절하게 찢어 자신을 망가뜨렸다. 이렇게 최선을 다하자, 방송가 PD들 사이에서는 "유재석, 쟤 그래도 성실하네"라는 말이 돌기

　　　　　　　　　"하루하루 최선을 다하자"

시작했다. 이 같은 평판은 오늘날의 유재석을 있게 한 원동력이 됐다.

무명을 스타로 만든 유재석의 '성실'

국민 MC로 부러움을 받고 있는 유재석. 하지만 그는 개그맨 데뷔 초기 남을 잘 웃기지도 주목받지도 못했던 개그맨 중 한 명에 불과했다.

연예 스타를 갈망했던 그는 1991년 서울예술대학교 방송연예학과에 입학했다. 19세의 대학생 유재석은 제 1회 KBS 대학개그제가 열린다는 소식에 가슴이 뛰기 시작했다. 당장 도전장을 냈다. 도전은 좋은 결과를 끌어냈다. 장려상을 받아 세상을 다 얻은 것처럼 기뻤다.

대학생 유재석은 본인의 앞날에 탄탄대로가 기다릴 것으로 생각했다. 하지만 1994년 군대에 갈 때까지 행인1, 행인2, 포졸 등의 단역이 그가 맡은 역할의 대부분이었다. 데뷔 동기인 김국진, 김용만, 박수홍 등은 모두 잘 나갔지만 그에게는 기회가 오지 않았다. 일이 없어 호프집 아르바이트를 전전하기도 했다.

그도 그럴 것이 유재석에게는 방송인의 가장 큰 단점인 '울렁증'이 있었다. 심하게 떨었다. 유재석은 그런 와중에 어렵게 중요한 역할을 맡는 기회가 찾아온다.

"국회의원으로 나오는 개그맨 박용만 씨의 비서역할을 잘해내면 다음에 더 큰 역할을 주겠다"라는 PD의 언질까지 받았다.

그런데 그날 그는 너무 긴장한 탓에 NG를 무려 4번이나 냈고 그 후 PD는 그에게 다시는 연락을 하지 않았다. 이유는 카메라만 보면 가슴이 뛰고 말이 꼬이는 울렁증 때문이었다. 그렇게 유재석은 인기 없고 카메라 울렁증이 심한 무명 개그맨으로 전락할 위기를 맞을 뻔했다.

그런데 방위로의 군 입대가 청년 유재석의 운명을 바꿔

"하루하루 최선을 다하자"

놓았다. 당시 인기 청춘스타였던 탤런트 이정재와 같은 날 군대에 들어가 계속 같이 생활하게 된 것이다.

상관들의 사인요청이 쇄도한 가운데, 유재석은 이정재가 독특한 자신감으로 가득 차 있는 모습을 보게 되었다.

유재석은 '바로 저것, 자신감이야!'라는 사실을 깨달았다. 그리고 다짐했다.

'자신감을 갖자. 울렁증을 극복하자. 스스로 싸구려가 되지 말자. 내 실력을 쌓자. 달라진 유재석을 만들기 위해 하루하루 최선을 다하자.'

그는 이후 '자신만의 색'을 찾는 게 우선이라고 생각했다. 무명 유재석은 고민 끝에 '리모컨 공부법'을 고민했다. 인기 예능 프로그램을 녹화, 방송을 다시 보며 유명 MC들이 어떻게 게스트의 대답을 유도하고 게스트가 어떤 대답을 할 때 방송이 재밌어지는지에 대해 연구하기 시작했다.

질문과 대답 직전에 리모컨으로 화면을 정지시키고 자신이 말을 한 후 실제 출연자들이 한 말과 맞춰보면서 자신만의 대화법을 만들어냈다.

　이 같은 준비를 성실과 끈기로 무려 4년이나 했다. 무명을 이겨내기 위해 "준비를 잘하면 기회가 꼭 올 것으로 믿습니다. 기회가 한번만이라도 오면 정말 잘하겠습니다"라는 기도를 수없이 했다. 그리고 무명생활 8년 만에 그가 그토록 원했던 기회가 찾아오게 되었다.

　그는 자신을 '메뚜기' 캐릭터로 무장했다. 시청자들은 그렇게 준비된 유재석에게 열광했다. 유재석은 단 한 번의 기회를 잡기 위해 간절한 꿈을 꾸고 준비된 재능을 펼칠 기회를 찾았기 때문에 성공할 수 있었다. 기도만 한 것이 아니라 미래 성공을 위해 성실히 실력을 쌓는 노력을 게을리하지 않았다.

"하루하루 최선을 다하자"

"제가 뭘 성공했나요? 저는 그런 말을 할 만한 자격이 없어요."

국민스타가 됐지만 유재석은 성공스토리를 말하는 것을 항상 부담스러워한다.

스타 유재석은 항상 이처럼 자기 자신을 낮추는 말부터 시작한다. 사회를 볼 때도 항상 낮은 위치에서 남들의 성공 이야기에 귀 기울이며, 그들의 성공 포인트를 찾아 감동을 이야기 한다. 이렇게 남들에 대해서는 지극히 관대하면서 자신에 대해서는 지독하게 엄격하다. 그렇게 지독한 성실함으로 성공한 그가 청춘에게 하는 한마디가 있다.

"청년이여. 하루하루 최선을 다하세요. 저도 정말 그렇게 열심히, 최선을 다해 살았거든요."

스타 유재석은 "그 어떤 거창한 말보다 정말 최선을 다하는 것이 너무 어렵고 힘든 일인 것 같다"라며 "막상 최선을 다하지 않았으면서도 최선을 다했다고 착각했던 청년 시절이 있었다"라고 회고한다.

그는 특히 "젊은 시절, 차라리 놀든지, 공부하든지, 아니면 일하든지, 이것도 저것도 아니고 미래에 대해 아무런 목표도 없이 무의미하게 하루하루를 보낸 시간들에 대해 크게 후회된다"라고 말했다.

한마디로 한때 성실하지 못했던 지난날들에 대한 반성이다. 이 같은 반성 때문에 유재석은 2000년 초반부터 인기가도를 달리고 있다. 비결은 단 하나, '성실'에 있다.

유재석은 거의 매일 텔레비전 3대를 놓고 본인이 진행할 프로그램에 출연할 가능성이 있는 연예인들이 출연하는 방송들을 모니터한다. 자신이 출연하는 프로그램은 물론, 다양한 프로그램을 모니터하며 게스트에 대한 정보를 쌓고 공부한다. 이렇게 주도면밀하게 노력하는 그가 토크

"하루하루 최선을 다하자"

쇼에서 다른 사람들과의 대화를 주도할 수밖에 없는 것은 당연한 일이다.

특히 늘 자신을 낮추고 상대방을 돋보이게 하는 유재석 스타일의 대화법은, 그를 출연자 우선으로 배려하는 '자기 희생'의 아이콘으로 만들어 주었다. 나아가 '배려형 화법' 의 대명사가 되었다. 유재석은 "예전에는 나 혼자 재미있 으면 되고 내가 재미있으면 만족했지만 어느 순간 이것은 문제가 있다고 생각했다"라며 "지금은 나보다 프로그램 전체를 보고 주변을 본다"라고 강조한다.

겸손을 알리는 유재석의 '명언'

유재석은 '국민MC', '유느님', '무한재석교' 등 숱한 찬사 가 많다. 무한도전에서 유재석의 위치를 대변하는 유행어 '무한 재석교'라는 용어가 생길 정도다. 종교의 교주처럼 팬들은 유재석에 열광하고 따르고 있다. 왜 그런걸까?

그는 단순히 연예인이라는 위치를 뛰어넘어 국민 MC로서 우리에게 많은 감동을 주고 있기 때문이다. 어찌 보면 그는 우리 사회에 유력 정치인이나 교수, 장차관들보다 큰 영향력을 행사하고 있다. 그가 방송을 하며 출연진들과 나눈 명언들에 귀 기울일 필요가 있다.

"하루하루 최선을 다하자"

"귀를 훔치지 말고 가슴을 흔드는 말을 해라.

적게 말하고 많이 들어라. 들을수록 내 편이 많아진다.

무엇을 선택하느냐보다 선택 이후의 행동이 더 중요하다.

혀를 다스리는 것은 나지만, 내뱉어진 말이 거꾸로 나를 다스린다.

혀와 입으로만 말하지 말고 눈과 표정으로 이야기해라.

뻔한 이야기보다 펀(Fun)한 이야기를 해라.

내가 하고 싶은 말보다 상대방이 진정 듣고자 하는 말을 해라.

목소리의 톤이 높아질수록 뜻은 왜곡된다.

앞에서 할 수 없는 말은 뒤에서도 하지마라.

입술의 30초가 가슴의 30년이 된다.

말 한마디가 누군가의 인생을 바꿀 수 있다."

(무한도전, '유재석의 명언' 중에서)

"청년들이여,

처한 환경이 힘들고

고통스러울수록

꿈에 더욱 집중해서

밝은 미래를 창조하세요."

하정우

● ● ● **하정우는 누구**

본명 김성훈으로 배우이자 영화감독.
화가로도 활동하고 있다. 배우 김용
건의 아들로 중앙대학교에서 연극을
전공하고 2002년 영화 〈마들렌〉으로
영화에 데뷔했다. 아버지의 후광에
묻히지 않기 위해 실력으로 승부를
걸어 홀로서기에 성공했다.

'성실'로 거듭 태어난 하정우

'배우이자 영화감독', '전시회를 하는 화가',… 하정우를 일컫는 말이다. 말 그대로 다재다능한 천재성이 있는 우리 시대 떠오르는 영웅이다. 아버지가 배우 김용건이지만, 그는 이 사실을 앞세우지 않는다.

"인생이란 스스로의 실력으로 인정을 받고 살아가는 것 아닌가요?"

이 말이 하정우의 철학이다. 그는 아버지로부터 남다른

"실력으로 승부하라"

재능을 물려받았다고 생각한다. 5살 때부터 눈물연기를 홀로 연습하는 등 어린 시절을 비범하게 보냈다.

"아버지의 후광에 묻히면 안 되는 거야. 결국 뛰어난 연기력과 실력을 갖춰야 인정받을 수 있는 거야."

이 같은 생각은 하정우를 성실하게 열심히 노력하는 연기자의 길로 들어서게 해줬다. 고등학생 하정우는 중앙대학교 연극영화과에 입학하자마자 〈카르멘〉, 〈오델로〉 등의 연극에 출연하며 연기실력을 쌓기 시작했다.

연극에서 연기실력을 쌓고 24세 때에는 텔레비전과 영화에 데뷔했다. 청년 하정우는 27세 때 〈용서받지 못한 자〉에 출연하며 연기력을 인정받은데 이어 〈프라하의 연인〉에 출연해 대중적인 주목을 받았다.

그리고 나서 출연한 게 영화 〈추격자〉다. 연쇄 살인범 영민을 리얼하게 연기해 주연급 배우로 인정받았다. 이후 그는 〈국가대표〉, 〈황해〉, 〈의뢰인〉, 〈범죄와의 전쟁〉, 〈베를린〉 등 수많은 영화에서 주연으로 출연하며 탄탄한 실력을 쌓았다.

배우 하정우는 이처럼 실력으로 성공할 수 있는 길을 찾아 성실히 목표를 향해 걸었다. 연극배우로 연기의 기초를 다졌고 여기에서 인정받은 뒤 텔레비전 배우로, 이어서 영화배우로 한 단계 차근차근 인정받는 길을 선택했다.

재능만을 믿지 않고 성실과 노력을 통해 연기력을 길렀다. 참되고 진실 되게 '성실'을 모토로 연기자의 길을 걸었다. 영화배우를 꿈꿨던 하정우는 오디션을 수백 번 응시하며 끊임없이 도전했다. 배우 김용건의 아들이 아닌 영화배우 하정우로 홀로 서고자 했다.

하정우는 "오디션 낙방이 계속되면서 처음에는 굉장히 막막했고 쓴맛을 맛보았다"라며 "보잘 것 없는 작은 배역부터 포기하지 않고 열심히 하는 게 높이 올라가는 길이라

"실력으로 승부하라"

는 생각을 했다"라고 당시를 회고한다.

연예계에서는 "하정우는 작은 배역부터 차근차근 실력으로 필모그래피(Filmography-감독, 배우, 제작자 등 영화 관계자들이 참여했던 영화 목록)를 쌓았다" 라고 평가한다.

실제 하정우가 출연했던 작품 리스트를 보면 그의 꿈이 얼마나 큰지 쉽게 알 수 있다. 그의 최종목표는 '영화인'으로 성공하는 것이다. 그의 나이 35세가 되자 그는 그동안의 역량을 모아 영화 〈롤러코스터〉로 영화감독으로 데뷔한다. 이어 감독이자 주연배우로 〈허삼관〉을 스크린에 올려 주목을 받았다.

청년들의 영웅이 된 하정우는 "영화를 찍든 연기를 하든 내 목표는 끝가지 영화를 하는 영화인이다"라며 "성실하게 영화인의 길을 걸을 것이다"라고 말한다.

그의 나이 19세 중앙대학교 97학번으로 연극영화과에 입학 할 당시, 대학생 하정우의 삶은 정말 행복했다. 아버지인 김용건 배우가 큰 인기를 끌며 경제적으로 넉넉했기 때문이다.

그런데, 대학생 하정우가 미국 어학연수를 갔다 왔을 때 집안에 위기가 찾아왔다. 어머니의 사업이 외환위기로 부도가 난 것이었다.

당시 20세의 대학생 하정우는 뉴욕 어학연수 중이었다. 뉴욕대학교 영화과 워크숍에 참여하고 단편영화를 만들며 하루하루 행복한 나날을 보내고 있었다. 그러던 어느 날 "어머니 사업이 부도났다는 동생의 전화를 받았다"라며 "귀국해보니 빚쟁이들이 들이닥쳤고 매형들이 다급하게 일을 수습하고 있었다"라고 회고한다.

모든 재산이 압류되고 어마어마한 빚더미에 앉게 됐다.

남은 건 아버지 차 한 대 뿐이었다. 이 일로 아버지와 어머니는 이혼하게 됐다. 빚을 청산하는 데만 무려 7년이 걸렸다. 아버지 김용건은 이후 드라마 4~5편에 출연하며 빚을 말끔히 갚았다.

이 때문에 하정우의 대학생활은 회색빛이 돼버렸다. 부모가 이혼한 상황에서 학업도 마쳐야하고 군대도 가야하는데, 대학생 하정우의 머리가 복잡했다.

"그래, 여기서 흔들리면 안 돼."

부모님의 이혼 이후 남동생과 남자 셋의 생활이 시작됐다. 하정우는 장도 보고 요리도 하며 어머니 역할을 했다. 그는 힘든 중에도 용기를 잃지 않았다. 군 제대 후엔 연극영화과 학생회장을 맡아 리더십을 발휘했다.

대학생 하정우는 "내가 원하는 영화배우, 그 꿈에 집중하는 것만이 살길이야"라고 다짐했다. 하정우는 "그때부터 삶에 대해 현실적으로 정신을 차리게 된 것 같다"라며

"당장 돈을 벌 수도, 학업도, 군대도 갈 수 없던 환경에서 꿈에 집중하는 것만이 자신을 일으켜 세우는 길이다"라며 어금니를 깨물었다.

대학생 하정우는 이처럼 위기가 찾아왔지만, 스스로의 꿈을 잃지 않았다. 오히려 위기에서 탈출하는 방법으로 꿈에 대한 끈을 놓지 않으려고 더 노력했다.
그런 성실한 삶이 오늘의 하정우를 만들어냈다.

하정우의 또 다른 꿈 '화가'

2009년 5월 배우 하정우가 그렸다는 그림 작품이 영국의 한 잡지 6월호에 실렸다. 배우라는 직업의 다면적인 모습을 담은 '액터(Actor)'라는 스케치 작품과 유화작품 9점 등 모두 10점이 게재됐다.
배우 하정우가 화가로 깜짝 데뷔한 것이다. 잡지는 "하정우 씨는 좋아하는 외국 작가의 작품을 따라 한 습작에

"실력으로 승부하라"

불과하다고 말했지만, 작품들은 아마추어 이상의 솜씨"라
고 평가했다.

하정우가 외도를 한 것일까, 아니면 화가로서도 성공을
꿈꾸는 것일까?

하정우는 2010년 3월 아예 첫 번째 그림 전시회 '하정우
개인전'을 열며 공식 화가로 데뷔한다. 자신이 연기한 캐
릭터의 이미지와 심리 상태를 형상화한 40여 편의 작품을
전시했다. 어린 시절 화실조차 다닌 적이 없던 그가 왜 그
림을 그리는 걸까?

하정우는 "순수하게 그림을 그리고 싶은 마음에 그림을
그린다"라면서 "그림을 통해 상처를 치유하고 영화에 더
정진할 수 있는 힘을 얻는다"라고 말한다. 그가 그리는 그
림이란 무의식의 솔직한 표현이며 일기장과 같은 것이라
는 설명이다. 하정우는 이처럼 그림을 통해서도 톡톡 튀는
색감과 디자인 역량을 뽐내고 있다. 벌써 개인전을 5차례
나 열 정도로 하정우는 그림에 푹 빠져 있다.

그의 그림을 본 김흥수 화백은 "정규 교육을 받은 작가 못지않게 뛰어난 재능과 표현력으로 훌륭한 화가가 될 재목"이라고 칭찬을 아끼지 않았다.

그가 그림을 그리는 이유를 이렇게 고백한다.

"스크린을 통해 미처 하지 못한 얘기를 화폭에 담아내기 위해서죠. 그림은 취미가 아니라 내가 버틸 수 있는 수단입니다. 연기로는 해소되지 않는 무언가를 끄집어내어 그림을 그리죠. 그림이 나를 회복시키고 다시 연기에 정진하도록 고무하는 역할을 하는 것 같아요."

사람은 끊임없이 재능을 찾고 개발해야 한다. 그래야 어디에 가능성이 있는 줄 알게 된다. 결국 삶이란 자기가 진짜 하고 싶은 일을 찾아가는 과정일지도 모른다.

"실력으로 승부하라"

배우 하정우는 자기가 가야 할 길을 정확하게 알고 있고 그 길을 찾아가는 사람이다. 스스로에게 난파가 몰아쳤지만 휘둘리지 않고 꿋꿋이 앞으로, 앞으로 나아갔다.

그의 연기 비결은 철저한 연습과 반복의 결과물이었다. 무엇보다 하정우는 연기는 공부라고 믿는다. 이 때문에 시나리오를 받으면 수능을 코앞에 둔 수험생처럼 읽고 또 읽는다. 그가 풀어낸 연기 철학은 바로 '철저한 공부-연습-조율'이다. 대본을 받기만하면 '바를 정(正)'자를 표시하며 리딩 한 횟수를 표시한다. 동시에 대본을 읽으면서 생각난 것들을 적는다. 이렇게 대본을 읽으면서 공부를 한 다음, 반복해서 읽고 연습하고 나서 연출자, 감독과 자신의 생각을 조율한 뒤 촬영에 들어간다.

이처럼 '공부하고 노력하는 자세'가 하정우를 만들어냈다. 톱스타 하정우의 청년들을 향한 삶의 조언을 들어본다.

"물이 끓어오를 때 불을 줄이면 금방 가라앉는다. 그렇다고 물이 차가워진 것은 아니다. 슬픔 역시 삼킨다고 사라지는 것은 아니다.

세상의 모든 일은 흘러가는 구름처럼 무심하게 일어난다. 그 일이 일어나야만 했던 필연적인 이유란 없다는 뜻이다. 그런데 멀리서 세상을 바라보면 어떤 규칙과 방향에 따라 그렇게 움직이는 것처럼 보인다.

내 삶은 특별할 수도 있고 아무것도 아닐 수도 있다. 우리 인생이 가까이서 들여다보면 얼마든지 특별해지지만 또 멀리서 바라보면 다 비슷한 것처럼 말이다.

무의식과 의식의 조화, 이게 내가 미로를 그리는 방식이다. 나는 우리 삶이 내가 미로를 그리는 방식과 비슷하다고 생각한다. 손이 가는 대로 그린 미로가 다 완성되고 나면 마치 정교한 계획에 따라 만들어진 것처럼 보인다.

사람들은 이 세상을 그대로 내버려 두지 않는다. 복잡하고 혼란스러운 세상을 살아가기란 무척 어려운 일이기 때문이다.

그래서 사소한 것에 깊은 의미를 부여하고 저마다 삶의 이유와 목표를 만들어낸다. 그렇게 하고 나면 사람들은 더 이상 미로 속을 헤매지 않고 불안을 이겨내며 살아갈 수 있게 된다."

《하정우, 느낌있다》, 195p~226p, 문학동네

'성실'의 아이콘

| 헤 밍 웨 이 |

성공
주문

"나는 우연히

성공한 것이 아니라

꾸준한 노력으로 성공한 것이다"

헤밍웨이는 누구

미국을 대표하는 대문호. 종군기자로 전
쟁에 참여해 젊은 시절 경험을 문학작품
으로 승화시켜 《무기여 잘 있거라》, 《노
인과 바다》, 《해는 또다시 떠오른다》등
의 대작들을 발표했다. 그가 겪은 뼈아
픈 경험은 훌륭한 문학작품을 탄생시킨
토양인 동시에 그의 인생에 드리운 그림
자였다.

헤밍웨이의 '성실'

미국의 대문호 어니스트 헤밍웨이. 그의 꿈은 작가가 되는 것이었다. 최고의 작가가 되기 위해 그는 '행동하는 작가'가 되는 선택을 했다.

"어떻게 행동하는 작가가 될 것인가?"

18세 청년 헤밍웨이는 고등학교를 졸업하고 대학을 가지 않았다. 글을 쓰고 싶어 미국 캔자스시티로 가서 스타지의 기자가 됐다. 그리고 19세에는 신문사에 사표를 내고 전쟁터에 뛰어들었다.

"전쟁에 참여해서 전쟁의 실상을 글로 써보는 거야."

청년 헤밍웨이는 1차 세계대전에 참전하기 위해 이탈리아에서 적십자사의 구급차 운전병으로 자원해서 입대했다. 그렇지만 2개월도 안돼서 박격포탄이 그의 다리에 박혀 6개월간 밀라노 병원신세를 져야 했다.

당시 헤밍웨이는 아그네스라는 간호사와 사랑에 빠지

"행동하는 사람이 되자"

고 결혼을 약속했지만, 2개월 뒤 그녀는 이탈리아 장교와 결혼을 했다. 헤밍웨이는 실연의 비통함에 빠졌다.

이 때의 경험을 토대로 6년 후 27세 청년 헤밍웨이는 첫 번째 소설《해는 또다시 떠오른다》를 출간했다. 스스로 죽음을 무릅쓴 경험을 통해 당시의 현실을 소설이라는 형식을 통해 전쟁의 참상을 알렸던 것이다.

이에 앞서 헤밍웨이는 작가로서의 탄탄한 역량을 갖추기 위해 전쟁이 끝난 후〈토론토 스타〉지의 특파원이 되어 그리스와 터키의 전쟁을 보도했다. 이어 소설가 셔우드 앤더슨과 만나면서 본격적으로 문학가의 길을 걷기로 마음 먹었다.

34세 청년 헤밍웨이는 스페인과 터키 내전 특파원으로 참여한데 이어 2차 세계대전이 발생하자 쿠바 북부 해안 경계부대에 종군 기자로 다시 전쟁터에 뛰어들었다.
특히 스페인 전쟁의 체험을 생생하게 담은 소설《누구

를 위하여 좋은 울리나》는 커다란 반향을 일으켰다.

인기 작가가 되고 싶었던 헤밍웨이는 드디어 24세 때 3편의 단편과 10편의 시를 처음 출판하면서 작가세계에 발을 내디뎠다. 25세 때는 청소년기의 체험을 바탕으로 한 단편집《우리들의 시대》를 발표했다.

착실하고 성실하게 자신이 쓸 수 있는 수준의 글을 쓰면서 작가로 대성할 수 있는 길을 단계적으로 걸은 것이다. 특히 헤밍웨이는 좋은 글을 쓰기 위해 실전을 통해 다양한 경험을 쌓는 길을 선택했다.

그 결과 30세 그가 참여했던 전쟁이야기를 담은 소설《무기여 잘 있거라》를 펴내 높은 인기를 끌었다. 이 작품을 통해 작가로서의 지위를 확실히 굳혔다.

53세에 펴낸 단편《노인과 바다》는 작가로서의 완성도를 드러냈다. 대어를 낚으려고 분투하는 늙은 어부의 불굴의 정신을 간결하고 힘찬 문체로 표현해냈다. 이 공로로

"행동하는 사람이 되자"

퓰리처상을 받은데 이어 노벨문학상을 받았다.

이처럼 헤밍웨이는 스스로 '경험하는 작가'의 길을 걸었다. 그리고 그 경험을 토대로 20세기 최고의 대문호 반열에 자신을 올려놓았다. 이탈리아, 터키, 스페인, 중국, 프랑스 등 전쟁이 있는 곳은 어디든지 달려가 여기에서 쌓은 경험으로 전쟁문학의 걸작을 낳았다.

두 번의 세계 대전을 겪으면서 전통과 단절된 젊은 층 '잃어버린 세대(The Lost Generation)'를 대변하는 대표작들을 쏟아냈다.

헤밍웨이는 "나는 우연히 성공한 것이 아니라 꾸준한 노력으로 성공한 것이다."라고 말한다.

어니스트 헤밍웨이는 '킬리만자로의 눈' 이라는 자신의 단편소설에서 "킬리만자로 정상 부근에는 말라서 얼어 죽은 한 마리 표범의 시체가 있다. 이처럼 높은 곳에서 표범이 무엇을 찾아 그렇게 높은 곳까지 올라갔는지 아무도 알지 못했다"라고 적고 있다.

청년이여, 여러분은 어떤 이상을 향해 어디로 달려가고
있나요?

"행동하는 사람이 되자"

'성실'의 아이콘

| 프 란 치 스 코 　 교 황 |

"가장 높은 자리에 있는 사람은

누구나 남을 위해

봉사해야 합니다."

프란치스코는 누구

가톨릭교회 역사상 1282년 만에 선출
된 비유럽출신 교황으로 첫 예수회 출
신 교황이다. 버스를 타고 다니는 검소
한 추기경, 낮은 자세로 가난한 이들을
찾아다니는 목자, 사회정의를 실천해온
지도자, 이 시대를 위한 가장 이상적이
면서도 환벽한 지도자라는 칭송을 받고
있다.

'성 프란치스코'의 청빈함을 따르다

12억 명이 넘는 전 세계 가톨릭 신자들의 리더 프란치스코 교황. 그의 본명은 호르헤 마리오 베르고글리오이다.

하지만 그는 교황이 되자 본명을 버리고 교황명을 프란치스코로 정했다. 평생 청빈한 생활을 해왔던 청빈, 겸손, 소박함의 상징 '성 프란치스코'를 따르겠다는 의지를 표명한 것이다. 그만큼 프란치스코 교황은 '성 프란치스코'처럼 평생 청빈한 생활을 해왔다.

대주교가 된 후에도 주교관 대신 작은 아파트에서 지내며 대중교통을 이용해 출근하고 음식도 직접 해먹었다. 가난한 빈자들과 삶을 함께해왔다.

그의 청빈한 삶 덕분에 2013년 프란치스코 교황은 266대 로마가톨릭교회의 교황에 취임했다. 가톨릭 역사상 1282년 만에 비유럽(아르헨티나) 출신 첫 교황이다. 첫 예수회 출신이기도 하다. 교황이 된 이후 프란치스코의 행보

"스스로를 낮춰라"

는 파격의 연속이었다.

모든 특권과 혜택을 철저히 내려놓았다. 교황궁이 아닌 사제들을 위한 게스트하우스에 머물고, 대중교통을 이용한다. 개인 자가용도 소형차로 바꿨다. 고해성사도 일반 사제에게 받는다고 한다. 그리고 최초로 이슬람교도와 여성의 세족식까지 해줘 세상을 놀라게 했다. 그는 방탄차를 거부하고 철저히 낮은 데로 임하고 있다.

"내 나이에 잃을 것은 많지 않습니다. 무슨 일이 생긴다고 해도 그것은 신의 뜻이죠. 방탄차 안에서는 사람들과 인사할 수도, 사랑할 수도, 말할 수도 없어요."

교황이 방탄차를 거부한 이유다.
교황은 종교인을 넘어 존경받는 삶을 실천하고 있다.
"참된 권력은 섬김입니다. 모든 사람, 특히 가난하고 미약하고 상처받은 사람을 섬겨야 합니다."

교황은 행동하는 지성을 보여줬다. 이런 성인이 되기까

지 프란치스코 교황은 성실과 신념의 길을 걸었다.

프란치스코 교황은 이탈리아에서 아르헨티나로 이민 간 철도 노동자의 다섯 자녀 중 한명으로 태어났다.

대학을 졸업한 청년 프란치스코는 나이트클럽 경비원으로 사회에 첫발을 내디뎠다. 이어 청소 관리인, 화학실험실의 연구원으로 활동했다.

21세 때 폐렴에 걸려 세 개의 낭종을 앓던 중 결국 폐의 일부를 잘라내는 수술 덕분에 목숨을 건질 수 있었다. 종교적 신념이 강했던 프란치스코는 마약, 알코올, 문란한 성문화에 노출된 사회를 보며 종교인의 길을 걷기도 결심한다.

"소외된 사람들의 친구가 되자."

청년 프란치스코는 이 같은 신념으로 22세가 되자 예수회에 입회해 신학공부를 시작했다. 33세 사제 서품을 받은 교황은 '행동하는 목자'의 길을 걸었다. 아주 성실하게 그리고 묵묵히 '가난한 자를 위한 목자'로의 길을 걸었다.

"스스로를 낮춰라"

그는 가난하고 힘없는 사람들의 삶에 무한한 관심과 애정을 쏟았다. 스스로를 낮추고 소외된 자들에게 가까이 다가갔다.

이로 인해 버스를 타고 다니는 검소한 추기경, 낮은 자세로 가난한 이들을 찾아다니는 목자, 사회정의를 실천하는 지도자 등의 칭송을 받는다.

'약자를 위한 친구'라는 신념하나로 성실하게 실천하는 길을 걸었던 프란치스코는 전세계가 존경하는 글로벌 지도자의 표상이 됐다.

Part 04

용기의 주문

. . .

내 사전에
불가능이란
단어는 없다

용기 _

씩씩하고 굳센 기운 또는
사물을 겁내지 아니하는 기개.

청춘이여! 성공주문을 외쳐라!

프랑스의 영웅 나폴레옹은 "내 사전에 불가능이란 없다"라는 명언을 남겨 '불굴의 의지'와 '용기'의 상징이 됐다. 그는 불굴의 '용기'를 앞세워 1789년 프랑스 대혁명의 소용돌이 속에서 불과 15년 만에 유럽 역사를 바꿔놓았다.

그는 용맹을 떨치며 프랑스 혁명의 이념인 자유, 평등, 박애 정신을 전파했다. 독일의 음악가 베토벤은 그를 위해 '교향곡 영웅'을 만들기까지 했다.

이탈리아에 주둔한 오스트리아군과 싸우기 위해 알프스 산맥을 넘으면서 나폴레옹은 "나의 사전에 불가능이란 단어는 없다"고 외쳤다. 풍요의 땅, 이탈리아에 가면 모든 것을 가질 수 있을 거라며 추위와 굶주림에 지친 병사들을 재촉하면서 명언을 남긴 것이다.

두려움을 용기로 바꾼 성웅(聖雄) 이순신. 그는 명량 해전에 출전하면서 "신에게는 아직 12척의 배가 있사옵니다"는 비장한 한마디를 남겼다. 선조 30년 칠천량 대첩에서 대패를 한 상태였기 때문에 병사들의 사기는 땅에 떨어져 있었다.

백성과 군사 모두 두려움에 떨고 있었다. 살고 싶어 아군까지 이순신을 암살하려 하고 거북선에 불까지 질렀다. 그야말로 사면초가의 상태였다.

그러나 성웅 이순신은 선조에게 "신에게는 아직 12척의 배가 남아있습니다. 신이 살이 있는 한 적들이 감히 우리를 업신여기지 못할 것입니다"라는 장계를 올리고 죽음의 전투를 준비했다.

청춘이여! 성공주문을 외쳐라!

12척 대 333척. 어떻게 이길 수 있단 말인가? 부하장군조차 '무모한 전투'라면서 이순신을 만류했다. 그러나 이순신은 병영을 모두 불태우고 "필사즉생 필생즉사(必死則生 必生則死)"를 외쳤다.

"죽고자 하면 살 것이고, 살고자 하면 죽을 것이다"

용기는 이처럼 불가능을 가능하게 만든다. 대제국을 건설했던 정복자 알렉산더 대왕은 "두려움을 정복한 자가 세계를 정복한다"고 말했다.

청춘이여, 여러분은 어떤 용기를 갖고 있나요?

"자신감은
준비가 잘 됐을 때 나온다.
작은 목표를 이룬 사람은
더 큰 목표를 이루기 위해
또 다시 노력한다"

01

김연아

• • • **김연아는 누구**

담대한 용기와 지독한 연습으로 세계 1등이 된 '피겨 여왕'. 피나는 훈련을 통해 본인의 세계기록을 갱신하면서 세계 110년 피겨 역사를 새로 썼다. 올림픽, 세계선수권대회, 4대륙선수권대회, 그랑프리 파이널까지 모두 금메달을 석권하며 역대 첫 그랜드슬램을 달성했다.

세계 최고를 만들어낸 김연아의 '강심장'

피겨여왕 김연아는 한국을 넘어 세계 최고의 여자 피겨 스케이팅 선수다. 어머니 박미희 씨는 어린 시절 피겨스케 이팅 선수가 꿈이었다. 하지만 집안 형편상 꿈을 이루지 못했다. 그런데 딸 김연아로부터 피겨스케이팅에 대한 놀라운 재능을 발견하게 된다.

"아이의 재능에 어떻게 꿈의 날개를 달아줄 것인가?"
어머니 박 씨의 가슴이 뛰었다. 1996년 두 딸을 데리고 과천시의 한 실내 스케이트장을 방문했다. 그런데 6살 김

"재밌잖아, 열심히 해야지"

연아는 놀라운 끼를 보여줬다. 굉장한 흥미를 보이며 아무리 넘어져도 다시 일어나 즐겁게 스케이트를 탔다.

엄마 박씨는 "매니저이자, 코치로, 인생친구로 딸의 가장 든든한 후원자가 되어야겠다"라고 다짐했다. 7살이 되자 김연아의 피겨 스케이팅 선수 생활이 본격적으로 시작됐다. 가족들과 아이스쇼 '알라딘'을 보며 꿈을 키웠다. 꿈도 원대했다. 초등학생 김연아의 일기에는 "저는 앞으로 피겨 선수가 되겠습니다. 세계 최고의 선수가 되겠습니다" 라고 적혀있다.

초등학생 김연아의 꿈은 매우 구체적이었다. 세계 피겨 스케이팅 챔피언십 5회 때 우승한 '미국 피겨의 전설' 미셸 콴 선수처럼 되는 것이었다. 1998년 미셸 콴이 일본 나가노 동계올림픽에서 은메달을 받는 그림 같은 모습을 보며 그녀를 롤모델로 삼았던 것이다. 이처럼 확실한 목표의식이 그녀를 세계 최고의 피겨스타로 이끄는 힘이 됐다.

"미셸 콴의 경기 모습을 비디오로 보며 모든 동작, 표정, 웃음, 느낌까지 수없이 따라했어요. 태릉 국제 스케이트장에서 새벽 1시까지 수없이 훈련했죠."

초등학생 김연아는 '피겨 여왕'을 꿈꾸며 온갖 고통을 참아냈다. 6학년 때 사춘기를 겪으면서 허리통증에 가정 형편까지 어려워 피겨스케이팅을 포기하고 싶다는 생각까지 했지만, "재밌잖아, 열심히 해야지"라며 슬럼프를 슬기롭게 이겨냈다.

곁에는 항상 어머니 박씨가 있었다. 연아의 하루는 오전 8시 30분 시작되어 스트레칭과 아침 달리기, 3시간의 낮 스케이트 훈련, 오후 체력 훈련, 새벽 마무리 훈련이 체계적으로 이어졌다. 하루 12시간씩 연습은 실전처럼 이어졌다.

드디어 2003년 13세 중학생이 된 김연아는 꿈에 그리던 피겨 스케이팅 국가대표에 선발됐다. 2006년 처음 출전한 시니어 그랑프리 파이널에서 숙적 아사다 마오를 11점 차

"재밌잖아, 열심히 해야지"

로 따돌리며 자신감을 키웠다. 그리고 4년 뒤 2010년 밴쿠버 동계올림픽에서 세계 1등 금메달을 따냈다. 총점 228.56으로 세계 신기록이었다. 현재까지도 프리 스케이팅 부분 총점에서 세계기록 보유자이기도 하다. 그녀는 동계 올림픽, 세계 선수권, 4대륙 선수권, 그랑프리 파이널의 그랜드 슬램을 사상 최초로 달성한 '피겨여왕'이 되었다.

이 같은 신화가 어떻게 가능했을까? 김연아는 "기죽지 않는 선수, 당당한 선수, 자신감 넘치는 선수가 돼야 점수도 잘 나온다는 사실을 알게 됐다"라며 "자신감은 준비가 잘됐을 때 나온다"라고 말한다. 이처럼 김연아는 상대를 압도하는 실력으로 자신감 있게 경기하는 '강심장'이 되고자 했다. 이를 위해 실전에서 긴장하지 않기위해 연습을 실전처럼 많이 했다. 당당함을 보이기 위해 상체를 곧게 펴고 연기를 했다. 엄마도 당부했다.

"연아야, 당당하게 허리 펴고 다녀. 다른 선수와 시선이 마주쳐도 똑바로 쳐다봐. 가장자리로 다니지 말고 가운데로 다녀. 초반에 기를 잡아. 기 싸움에서 지면 안 돼."

이 같은 엄마의 가르침은 경기 때마다 김연아를 의연하게 만들었다. 침착함을 바탕으로 실전에서 강한 면모를 보이는 승부사 기질을 갖게 됐다.

김연아는 자신 있는 연기를 위해 경기 전 완벽한 준비에 집중했다. 자기 안에 자신감이 생성됐을 때 '강심장'이되고 시합도중 실수를 해도 당황하지 않게 되기 때문이다. 결국 김연아의 대담함은 철저한 자기 준비에 있었던것이다.

김연아의 눈물 나는 큰 노력 "3천번의 엉덩방아"

피겨선수의 율동은 그 자체로 아름다움이다. 그 어려운고난도의 트리플 악셀(3회전 반 점프)은 더더욱 예술적이고 감동을 자아낸다. 김연아의 긴 팔다리와 뛰어난 점프로선보이는 표현력은 단연 압도적이다.

"재밌잖아, 열심히 해야지"

외국 언론들이 "김연아는 여자 피겨스케이팅 사상 가장 위대한 점퍼로 비거리도 길고 전체적인 연기에 최적화됐다"라고 극찬할 정도다. 이는 쉽게 이뤄진 게 아니다.

"저의 점프 훈련은 하루 30회 이상 이뤄집니다. 어지러워 현기증까지 날 정도죠."

김연아가 13년간 한 점프 수는 무려 12만 번에 달한다. 12만 번의 점프를 하면서 자신에게 맘에 드는 최고의 장면을 연출해내려면 무려 3,000번의 엉덩방아를 찧어야 한다. 김연아는 넘어져 엉덩이가 멍들어도 오뚝이처럼 일어섰다.

이같이 피나는 노력이 김연아를 더욱 강하게 만들었다.

"아무리 힘들어도 스케이트를 타기 싫다는 생각은 안 해봤어요. 힘들어서 포기하려고 하면 갑자기 일이 잘 풀려요. 그래서 '나는 피겨를 그만둘 수 없구나'라고 느꼈죠."

김연아 선수는 힘들 때마다 '피겨는 나의 운명이야. 미셸 콴이 돼야 하잖아'라고 자신에게 용기를 불어넣었다.

2006년 16살 때 소치 올림픽 직전 발목과 허리 부상을 입었다. 이 부상은 사실 견디기 힘든 것이었다.

"정말 힘들었어요. 허리는 아프고 스케이트 화까지 발에 맞지 않아 저를 괴롭혔죠. 게다가 몸까지 원하는 대로 말을 듣지 않았어요. 넘어지고 일어나면 또다시 넘어졌어요."

김연아는 이 때 자신에게 닥친 어려움을 받아들이는 '큰 생각'을 배웠다. 특히 포기하지 않는 정신을 배웠다. 부상으로 인한 압박감을 느끼기 보다는 자신을 내려놓고 최선을 다한다는 것에 대한 의미를 깨달았다.

"그래, 못해도 돼. 아프면 그게 당연한 거야. 그래도 대회에는 나가자. 아프다고, 힘들다고 포기할 수는 없잖아."

소녀 김연아는 자신의 출전을 기다리는 수많은 사람들의 기대도 있었지만, 무엇보다 스스로 포기하는 모습을 보여주고 싶지 않았다. 본인에게 쏟아지는 스포트라이트와 국민들의 기대를 못 견디고 부상을 핑계로 기권을 선택하는 것은 비겁하다고 생각했다. 이 과정에서 김연아 선수는

"재밌잖아, 열심히 해야지"

'포기하지 않는 정신'을 배웠다. 점수에 집착하지 않고 도전하는 것에 의의를 두는 진정한 프로정신을 갖게 됐다.

김연아는 이처럼 위기를 이겨내기 위해, 세계적인 선수가 되기 위해 눈물겨운 '큰 노력'을 기울였던 것이다. 대범하고 의연한 생각이 선수 김연아를 더욱 성장시켰던 것이다.

김연아의 조언 "준비만이 긴장을 줄인다"

피겨 스케이팅은 쇼트 프로그램과 프리 스케이팅의 점수를 합쳐 순위가 결정된다. 기술점수와 구성점수를 합한 뒤 실수가 나올 때마다 감점이 이뤄진다. 또다시 기술점수는 선수가 수행한 점프, 스핀, 스텝, 스파이럴 수준에 따라 점수가 매겨지고 구성점수는 스케이팅 스킬, 전환과 연결(트랜지션), 퍼포먼스, 안무, 곡 해석력에 따라 각 부문 최고 10점이 주어진다. 모든 과정이 점수이니만큼 시합은 극도의 긴장 속에 이뤄진다.

그런데 김연아 선수는 정말 여유롭게 대담한 모습으로 실력을 발휘했다. 어떻게 이 같은 역량을 펼쳐 보일 수 있었을까?

김연아 선수는 "많은 선수들이 긴장감 때문에 큰 무대에서 제 실력을 제대로 발휘하지 못하는 경우가 많다"라며 "최대한 긴장하지 않기 위해 정말 지겹도록 연습했다"라고 말한다.

김연아가 남긴 '감동의 명언'

"금메달은 저보다 더 간절한 사람에게 줬다고 생각했어요. 특별히 어떤 선수로 기억되기보다는 그저 '김연아'라는 선수가 있었다는 것에 만족합니다."

김연아 선수가 2014년 2월 소치동계올림픽에서 금메달을 강탈당했다며 국민들이 분노했을 때 던진 말이다.

김연아는 이 감동의 명언을 남기고 아름답게 은퇴했다.

"재밌잖아, 열심히 해야지"

"항상 열심히 하고 마지막 1도, 마지막 순간의 한계를 견디지 못하면 결과가 크게 달라지죠.

저는 열심히 노력해 놓고 마지막 순간에 포기해서 모든 것을 제로로 만들어 버리는 게 싫었습니다. 그래서 저는 99도까지 열정과 노력을 쏟고 마지막 1도까지 최선을 다해 채우려고 했습니다. 열정은 100도를 채워야 끓게 되잖아요.

꿈을 향해 걸어가다가 힘든 일을 만났을 때 주저앉아 울거나 기가 죽거나 자신감을 잃으면 안 되잖아요. 저는 이럴 때마다 당당하게 나를 주장하고 내 꿈을 주장하고 내가 할 수 있다는 것을 보여주겠다고 결심했습니다. 그런 당당한 오기들이 저를 강하게 만들어줬습니다.

그리고 꿈이 무엇이든 오늘의 과정을 거쳐야 내일의 꿈에 다가갈 수 있으니까, 하루하루 알차게 보내야 해요. 그래야 미래의 성공을 뒷받침할 수 있고 마지막 순간까지 포기하지 말아야 꿈을 성취할 수 있어요. '여기까지만'이라고 정해 놓고 멈춘다면 원하는 목표까지 갈 수 없잖아요."

"그래, 한번 해보는 거야.
어차피 아무 것도 없이
시작했잖아.
세계무대에 도전해보자."

02

박지성

• • • **박지성은 누구**

평발의 핸디캡을 극복하고 한국
사상 첫 잉글랜드 프리미어리그에
입단한 축구스타. 어린 시절 작은
키, 왜소한 체구로 축구에 맞지 않
는다는 지적을 받았지만, 끊임없
이 노력해 지치지 않는 천재 축구
선수가 됐다

작은 키의 핸디캡을 이겨낸 '용기'

소년 박지성은 다른 아이들에 비해 키도 작고 몸집도 작았다. 심지어 부모님이 "지성아, 너는 다른 애들보다 덩치도 작고 체력도 약하니까 안 된다"라고 만류할 정도였다. 소년 박지성은 고집을 굽히지 않았다.

"키가 작다고 축구를 못한다는 것은 말도 안 된다"라고 스스로에게 말하며 그는 용기를 잃지 않았다.

박지성의 끈질긴 설득에 아버지는 조건을 제시했다. '한 번 시작하겠다고 마음먹은 이상 절대 포기해서는 안 된다는 것'이었다.

　이날 이후 소년 박지성은 축구공을 몰고 전 세계를 누비
겠다는 축구선수의 꿈을 키웠다. 초등학교 4학년이 되자
박지성은 축구부에 들어갔다. 그런데 느닷없이 축구부가
해체됐다.

　그렇다고 소년 박지성은 축구를 그만둘 수 없었다. 아버
지를 설득해 축구감독을 따라 전학을 했다. 이때부터 소년
박지성은 본격적인 축구수업을 시작하게 되었다.

　6학년 때는 축구부 주장이 되어 전국대회에서 준우승을
차지했다. 이 공로로 차범근 선수에게 직접 '차범근 축구
상'을 받았다. 차범근은 "앞으로 열심히 해서 한국 축구를
빛내는 선수가 돼라"고 격려했고 이날 박지성은 "나는 축
구밖에 모른다. 펠레와 같은 축구황제가 꼭 될 거야"라고
다짐했다.

　중학교에 입학한 박지성은 늘 주전으로 뛰었지만, 도통

키가 자라지 않아 스트레스가 컸다. 이럴 때일수록 아버지는 "지성아, 키보다 네가 살길은 실력밖에 없다"라고 하시면서 용기를 주었다. 박지성은 이 말을 축구를 시작한 이후 단 하루도 잊은 적이 없다고 한다.

박지성은 "꿈을 향한 과정은 절대 행복하지 않다"라며 "좌절과 고민, 실패와 포기를 다 경험해야 비로소 자신이 원하는 꿈에 도달할 수 있다"라고 말한다.

고등학생이 된 박지성은 당시 국가대표 출신 감독이 있는 수원공고로 입학을 결정했다. 그런데 야속하게도 키는 자라지 않았다. 감독은 "키가 안 크면 축구선수로 대성하지 못 한다"라면서 박지성이 푹 쉬면서 키와 체력을 키울 수 있도록 특단의 조치를 취해줬다.

노력 끝에 고등학교 2학년이 되자 키가 겨우 170cm를 넘었다. 수원공고는 그의 주전에 힘입어 대통령배와 전국체전에서 우승컵을 안았다. 그런데 고등학교 졸업을 앞두고 프로축구팀이나 대학에서 그를 불러주지 않았다. 이유

"난 할 수 있어. 꿈이 있잖아"

는 단 하나, 키가 작다는 이유였다. "축구는 몸싸움인데 체격이 너무 작습니다. 어려울 것 같네요" 한결같이 돌아온 대답이었다.

지금은 178cm로 성장했지만, 고등학생 박지성은 그래도 "꿈은 꾸는 자의 것이다"라며 용기를 잃지 않았다.

박지성의 조언 "절대 용기를 잃지 마라"

고등학교 졸업 후 받아주는 곳이 없어 갈 곳이 없었던 축구스타 박지성, 그에게는 모든 것이 슬픔과 절망 그 자체였다. 그러던 어느 날 딱 한 대학에서 연락이 왔다. 그것도 입학할 예정이었던 선수가 다른 팀으로 가서 겨우 자리가 난 것이었다. 다름 아닌 명지대학교 축구부였다.

"이게 어디야. 축구를 할 수 있잖아. 용기를 잃지 말자."
박지성은 스스로에게 다짐했다. 그리고 눈이 오나 비가오나 축구연습에 매진했다. 고강도 훈련도 군말 없이 소화

했다. 경기 때마다 두세 배 더 열심히 뛰었다. 모두가 그의 성실함에 감동했다.

그러던 어느 날 그에게 행운이 찾아왔다. 대학입학을 앞두고 전지훈련을 떠났다. 그런데 같은 지역에서 훈련 중이던 명지대학교 축구부와 올림픽 대표팀이 연습경기를 치르게 된 것이다.

비록 연습경기지만 대표팀과 경기를 한다는 말에 박지성 선수의 가슴이 두근거리기 시작했다. "그래 여기에서 주눅 들지 말고 제대로 된 실력을 보여주는 거야."
특유의 '자신감'과 '용기'가 발동했다.
왼쪽 윙백으로 나선 박지성은 자신의 주특기인 부지런한 플레이를 선보였다. 무려 다섯 명의 대표 팀 선수를 제치는 놀라운 드리블 실력에 당시 허정무 감독의 눈이 휘둥그레졌다.

허정무 감독은 즉석에서 "드리블 기술이 있고 영리한

"난 할 수 있어. 꿈이 있잖아"

플레이를 하는 저 녀석을 한번 키워봐야겠다"라고 생각했다. '흙 속의 진주'를 찾아낸 것이다. 이렇게 해서 19세의 대학생 박지성은 대학생활을 시작하기도 전에 시드니 올림픽 국가대표 선수가 됐다.

박지성은 이때 "노력하고 때를 기다리는 사람에게 행운이 찾아온다는 말을 믿게 됐다"라고 말한다.

그는 2000년 시드니 올림픽 축구대표 선수가 되어 합숙 훈련에 들어갔다. 그런데 이게 웬 행운인가? 꿈에 그리던 주장 홍명보 선수와 룸메이트가 된 것이다. 정말 배울 게 많았다. 홍명보 선수를 통해 오랜 경험에서 베어져 나오는 '프로'의 완숙미를 배웠다. 또한 여러 가지 훈련을 통해 체력과 민첩성을 향상시켰다.

하지만 올림픽의 벽은 높았다. 본선 경기를 뛰지도 못한 채 예선에 탈락해 귀국해야 했다. 박지성은 유럽선수들의 놀라운 실력을 직접 보며 "장차 내가 유럽선수들의 코를 납작하게 해줘야지"라고 용기를 불태웠다.

그리고 몇 년 뒤 박지성은 세계에서 가장 오래된 잉글랜드의 프리미어 리그, 그 중에서 으뜸으로 손꼽히는 명문구단 맨체스터 유나이티드 소속 선수가 됐다. 폭풍 같은 질주, 현란한 발놀림, 절묘한 슛으로 유럽인들의 눈길을 사로잡았다. 한국인을 대표하는 축구선수로서의 '긍지', 그들을 능가할 수 있다는 '자신감'과 '용기'가 만들어낸 결과였다.

박지성의 큰 꿈, '글로벌 무대'

올림픽 국가대표 선수로 시드니를 다녀온 대학생 박지성의 꿈은 벌써 커져 있었다. 프로팀은 고사하고 어느 대학도 받아주지 않았던 2년 전과는 완전히 달라져 있었다.

박지성을 먼저 알아본 곳은 일본 프로축구리그(J-리그)였다. 교토 퍼플상가의 감독이 명지대 축구부 발전기금 1억 원, 연봉 5천만 엔(한화 약 5억 원)의 파격적인 조건을 제시하며 스카우트를 제안했다.

"난 할 수 있어. 꿈이 있잖아"

"그래, 글로벌 무대로 가는 거야. 실력대로 뛰면 되는 것 아니겠어."라고 하며 박지성은 스스로에게 용기를 불어넣었다.

일본 프로축구 선수가 된 대학생 박지성은 일본 선수와 빨리 친해지고 싶어 꼬박 1년 동안 일본어 공부에 매달렸다. 아무리 피곤해도 바벨과 벤치 프레스를 잡고 땀을 흘렸다. 주눅 들지 않고 기량을 펼쳐 보인 결과 매년 재계약을 하며 3년 간 뛸 수 있었다.

21세의 대학생 박지성에게 또 기회가 왔다. 2002 한일 월드컵 국가대표 선수로 뽑혀 거스 히딩크 감독을 만난 것이다.

히딩크 감독은 한국 축구를 질타했다. "한국이 월드컵에 과거 다섯 번이나 출전했으면서 단 한 번도 이기지 못한 이유를 아십니까?" 히딩크는 "한국축구는 강인한 정신력과 근성은 있지만 한 가지가 빠져있다"라고 지적했다.

체력이 약하다는 것이었다. 이 때문에 후반 20분이 지나면 볼 지배력과 골 결정력에 문제가 생긴다는 것이다. 이 같은 지적에 따라 엄청난 스피드와 체력을 앞세운 한국식 축구가 다시 태어났다. 이른바 강한 체력을 바탕으로 한 네덜란드식 '토털축구'가 시작된 것이다.

토털 축구란 선수의 포지션을 수비, 공격수, 미드필드 등으로 고정하지 않고 뛰는 방식이다.

이 말을 들은 대학생 박지성은 살얼음까지 깔린 운동장에서 혼자 맹연습을 하고 있었다. 이 모습을 본 히딩크는 "너의 그런 정신력이면 세계무대에서 뛰는 훌륭한 선수가 될 수 있다. 열심히 하면 스카우트 제의가 올 거야"라고 격려했다.

히딩크의 격려에 박지성은 2002년 6월 포르투갈 전에서 한국 최초로 월드컵 16강행을 확정짓는 통쾌한 골로 화답했다. 대한민국 최초의 4강 신화였다.

월드컵이 끝나고 히딩크 감독은 박지성과 이영표 선수를 네덜란드 에인트호번에 초대했다. 그런데 박지성은 오른쪽 무릎 연골 파열로 인해 한동안 휠체어 신세를 져야 했다. 수술 후 재활훈련은 지옥과도 같았다. 6개월 뒤 선수로 투입됐지만, 빠른 축구와 거친 몸싸움에 밀려 박지성은 2류 선수로 전락했다. 관중석에서는 야유가 쏟아졌다.

이렇게 힘든 상황에서 다시 J-리그 교토상가에서 영입 제의가 들어왔다. 히딩크는 "아직 포기하고 돌아갈 때가 아니다"라고 용기를 줬다. 박지성은 "나는 할 수 있어. 난 꿈이 있잖아"라는 주문을 숱하게 외치며 자신감을 키웠고 다시 예전의 실력을 되찾게 되었다.

2005년 24세의 청년 박지성은 환상적인 축구를 선보이며 유럽 축구계에 존재감을 드러냈다. 이어 꿈에도 그리던 영국 맨체스터 유나이티드로부터 스카우트 제의가 왔다. 그 유명한 퍼거슨 감독이었다.

"그래, 한번 해보는 거야. 어차피 아무 것도 없이 시작했잖아. 세계무대에 도전해보자."

이렇게 한국 대표 축구스타 박지성은 '꿈★은 이루어진 다'라는 희망의 메시지를 자신의 것으로 만들었다. 맨체스터 유나이티드 100년 역사상 첫 한국인 축구 선수가 된 것이다.

선수생활 할 수 없는 '평발의 승리'

박지성은 "시련을 이겨내는 사람이 꿈을 이룬다"라고 말한다. 꿈을 위해 시련을 기꺼이 이겨낸 박지성 선수는 선천적으로 축구선수로 성공하기 힘든 '평발'이었다. 박지성은 2002년 한일월드컵 대표선수가 되어 주치의의 진단을 받고 처음 알게 됐다.

"아니, 제가 평발이라뇨?"

이런 발로 어떻게 축구를 했냐는 주치의의 질문에 박지성은 깜짝 놀라 물었다. 박지성은 자신의 발이 평발인줄

"난 할 수 있어. 꿈이 있잖아"

모르고 뛰었다. '축구를 하니까 발이 아프겠지'라고 발바닥 고통을 너무나 당연하게 생각했던 것이다.

그의 평발은 운동하기에 최악의 평발이었다. 하지만, 박지성은 평발이라는 사실을 알고 난 뒤 더욱 열심히 뛰었다. 굳은살이 콘크리트처럼 단단하게 박힐 정도로 무뎌진 발을 만들어 평발의 단점을 극복했다.

"발은 축구선수에게 생명과도 같아요. 하지만 평발이라는 단점보다는 민첩한 발놀림, 예리한 발 감각을 키우는 게 더 중요하다고 생각했죠. '세상은 달리는 자의 두 발과 땀을 쉽게 배신하지 않을 거야.' 라고 되뇌이며 평발이라는 시련을 이겨냈습니다.

네덜란드 아인트호벤에 입단했는데 2개월도 안되어 경기에 나가지 못하고 벤치 신세를 지게 됐습니다. 오른쪽 무릎의 찢어진 연골을 제거하는 수술 때문에 6주나 고통스런 시간을 지내야 했습니다. 더 참기 힘든 것은 팬들의 야유였죠.
건강상태가 완전히 회복되지 않아 볼 감각과 스피드가 살아나지 않아 결국 2류 선수로 전락했습니다. 동양에서 온 이상한 선수가 팀을 망친다는 비아냥거리는 소리까지 들렸습니다. 그땐 정말 죽고 싶었고 어디든지 도망가고 싶었죠.

이 때 다짐했죠. '여기서 무너지면 끝장이다. 이를 악물고 참아야 한다. 꿈을 향해 용기를 갖자. 나 스스로 이 지옥에서 벗어나자. 언젠가 저 야유 소리를 나를 향한 환호성으로 바꿔놓겠다'고 다짐했죠.

저는 이 같이 자기 최면을 걸었죠. 그리고 환상적인 선수로 다시 태어났습니다. 청년 여러분, 부딪쳐보세요. 시련이 왔다고 낙담하지 말고 꿈이 만들어줄 미래를 향해 천천히 나아가세요."

"난 할 수 있어. 꿈이 있잖아"

'용기'의 아이콘

| 마 틴 루 터 킹 |

성공
주문

"청년이여, 우리는 두려움의 홍수에 버티기 위해서 끊임없이 용기의 둑을 쌓아야 합니다"

마틴 루터킹은 누구

미국의 흑인운동 지도자이자 목사이다. 보스턴 대학에서 신학 박사학위를 받은 뒤 앨라배마 주 몽고메리 교회에 목사로 부임했다. 흑인차별 철폐운동을 벌이며 1963년 '나는 꿈이 있습니다'는 명연설로 인종차별을 금지시키는 데 성공했다. 그는 1964년 노벨 평화상을 받았고, 그해 39세에 암살되었다.

암살 위협을 이겨낸 루터킹의 '용기'

1955년 12월 미국 앨라바마 주 몽고메리에서 42세의
흑인여성 로자 파크스(Rosa Parks)가 현장에서 체포되는
일이 발생했다. 백인 전용석에 앉은 이 흑인이 "당신, 자
리 좀 비켜줘"라는 백인의 요구에 "노우(No)."라고 답했
기 때문이다. 이 흑인 파크스는 현장에 체포돼 재판에 넘
겨졌다.

당시 26세였던 흑인 청년 마틴 루터킹은 모든 일을 접고
조직적으로 '버스승차 거부운동'을 벌였다. 먼저 온 승객
이 자리에 앉아야 하며 버스 기사는 흑인 승객에게도 공손
하게 대해야 하고 나아가 흑인 기사를 채용할 것을 요구했
다. 용기 있는 행동의 시작이었다.

흑인들이 100%에 가까운 참여율을 보이며 수십 Km를
걸어 다녔다. 카풀운동을 고안해 조직적으로 대응했다. 결
국 흑인들의 승차거부운동은 1년 뒤 흑인분리법안 철폐로

"나에게는 꿈이 있습니다"

이어졌다. 대법원은 1956년 후반 대중교통에서 인종분리는 불법이라는 판결을 냈다. 루터킹은 이를 통해 행동 없이 어떤 권리도 주어지지 않는다는 평범한 사실을 입증해 보였다.

이 일을 시작으로 루터 킹은 전국을 돌며 흑인 민권에 대해 연설했다. 그의 연설은 수많은 흑인들을 고무시켰다. 흑인 대학생들의 인종차별 철폐를 요구하는 연좌농성이 시작됐다. 이후 인종차별 철폐 시위행진이 전국으로 확대됐다.

1963년 봄 루터킹은 시위진압에 나선 경찰을 향해 "우리는 고통을 견뎌내는 힘으로 고통을 가하는 당신들과 겨룰 것입니다. 우리 집안에 폭탄을 던지시오. 그래도 우리는 당신들을 사랑할 것이오."라고 맞섰다.

이후 흑인 집 앞에서 폭발물이 터지고 진압과정에서 수많은 흑인이 사망했다. 이 같은 흑인들의 용기 있는 행동으로 흑인 유권자의 투표권 법안이 가결됐다. 이후 양복점 격리 사용이 폐지되고 간이식당과 화장실 차별 대우가 폐지됐다.

1963년 8월 28일 루터 킹은 흑백분리 금지와 고용차별 금지를 촉구하는 워싱턴 행진을 한다. 그리고 25만 명이 넘는 흑백시위자들이 워싱턴 링컨 기념관에 모인 가운데 '나에게는 꿈이 있습니다(I Have a Dream)'라는 역사적 연설을 했다.

"나에게는 꿈이 있습니다. 조지아 주의 붉은 언덕에서 노예의 후손들과 주인의 후손들이 형제처럼 손을 맞잡고 나란히 앉게 된 꿈이, 나에게는 꿈이 있습니다. 나의 네 아들딸이 피부색이 아닌, 그 속 됨됨이로 판정을 받는 나라에서 살아갈 수 있는 날이 오고야 말 것이라는 꿈. 오늘 나에게는 그런 꿈이 있습니다."

(1963년 워싱턴 D.C 25만명 청중에게 한 메시지 '나에게는 꿈이 있습니다' 중에서)

연설이 끝나고 1년도 안되어 1964년 7월 드디어 미국 대

"나에게는 꿈이 있습니다"

통령 린든 존슨은 인종차별을 금하는 내용이 담긴 '민권법'에 서명했다. 이로써 피부색, 인종, 종교 따위를 이유로 공공장소에서 어떤 차별도 받을 수 없게 됐다. 흑인들의 참정권까지 허용됐다. 루터킹의 용기 있는 행동은 암살 위협의 두려움까지 이겨냈다.

1968년 3월 29일 루터 킹은 흑인 환경미화원들의 파업을 지원하기 위해 테네시 주 멤피스를 방문했다. 멤피스로 가는 항공편에 대한 폭파 위협 때문에 출발이 늦어졌지만, 루터 킹은 두려워하지 않았다. 그리고 4월 3일 죽음을 예견하며 39년의 루터 킹은 생애 마지막 연설을 했다.

"여느 사람과 마찬가지로 나 역시 오래 살고 싶지만 사람의 목숨은 하늘에 달렸겠지요. 이젠 신경 쓰지 않습니다. 나는 하나님의 뜻을 실천하고자 할 뿐입니다."
이 연설이 끝나고 다음날 루터 킹은 모텔 발코니에서 저격당해 사망했다.
이렇게 성실하게 자신의 용기 있는 신념을 펼치다 루터

킹은 운명을 달리했다. 그는 말한다.

"청년이여, 우리는 두려움의 홍수에 버티기 위해서 끊임없이 용기의 둑을 쌓아야 합니다."

"나에게는 꿈이 있습니다"

| 넬 슨 만 델 라 |

성공
주문

"무엇이든지 되기 전까지는

불가능해 보인다.

용감한 사람이란

두려움을

정복하는 사람이다."

넬슨 만델라는 누구

남아프리카공화국 최초의 흑인 대통령
이자 흑인 인권운동가이다. 종신형을 받
고 27년 여간 복역하면서 세계 인권운동
의 상징적인 존재가 됐다.

26년간의 수형생활을 이겨낸 만델라의 '용기'

죄수번호 '46664'. 이것은 27년간 수감생활을 한 넬슨 만델라의 죄수번호다. 1964년에 로벤 섬에 수감된 466번째 죄수라는 뜻이다. 하지만 이 죄수번호는 지금 자유와 인간구원의 표상이 됐다.

생각해보라. 38세에 처음 투옥돼 중간에 일시 풀려나기도 했지만 65세의 나이로 석방되기까지 인생의 대부분을 교도소에서 생활했다. 하지만 그는 몸은 교도소에 있지만, 교도소 밖 흑인들의 행동에 커다란 힘을 실어줬다.

그는 어떻게 용기 있는 행동을 할 수 있었을까?

어머니의 영향이 컸다. 만델라의 어머니는 어린 만델라에게 종종 아프리카 민담을 들려주었다.

"눈곱이 덕지덕지 낀 늙고 병든 여인이 한 여행자에게 눈곱을 닦아달라고 부탁했다. 그 여행자는 이를 외면해버렸다. 병든 여인은 다른 여행자에게 다시 부탁했다. 그 여

"두려움을 정복하라"

행자는 늙은 여인의 눈곱을 닦아줬고 그 순간 여인은 젊고 아름답게 변신했다. 둘은 결혼해서 행복하게 살았다."

어머니의 이 이야기는 어린 만델라의 가슴을 울렸다. 그리고 남아프리카에서 태어나 살고 있는 흑인들의 불행한 운명에 대해 가슴을 아파했다. 특히 22세의 대학생 만델라는 친구가 백인에게 모욕당하는 것을 목격하고 인종차별적 대우의 부당함을 자각하기 시작했다.

"난 흑인 인권을 짓밟는 백인들의 더러운 눈곱을 닦아주는 지도자가 될 거야. 변호사가 되어 아프리카 사회를 변화시켜야지."

이렇게 마음먹은 24세의 청년 만델라는 백인 사회 속의 별종인 변호사가 되어 점차 백인 정부에 대항하는 투사로 성장한다. 1912년에 조직된 아프리카 민족회의(ANC)의 존재를 알면서 평생 ANC의 조직원으로 활동하게 된다.

34세 때는 비(非)백인으로서는 처음으로 요하네스버그에 법률상담소를 열었다. 이곳은 본격적으로 흑인 인권운동을 벌이는 거점이 됐다.

그런데 42세의 청년 만델라는 충격적인 장면을 목격한다. 당시 선거에서 이긴 국민당의 인종차별에 맞서는 시위대에 경찰이 무차별적 총격을 가한 것이다. 이로 인해 18명이 목숨을 잃었다. 이 일을 계기로 만델라는 무장투쟁에 대한 필요성을 느낀다.

"비폭력으로는 자유를 쟁취할 수 없다."

만델라는 폭력투쟁으로 노선을 돌리고 조직을 만들게 된다. 지명수배를 받는 투사가 되어 지하에 숨어 지내는 민족운동가가 된다.

43세 만델라는 '국민의 창'이라는 비밀군대를 조직해 저항운동을 시작했다. 하지만 다음해 체포되어 5년형을 선고받았다. 이어 2년 뒤 재판에서 종신형을 선고받고 로벤섬에서 27년 6개월간 인고의 시간을 보냈다. 평생 교도소에서 생활한 만델라가 어떻게 위대한 영웅이 될 수 있었을

"두려움을 정복하라"

까. 그는 타고난 낙관론자였다.

"언젠가 반드시 자유를 찾으리라. 언젠가는 자유인으로 아프리카 대지를 두 발로 걷게 되리라."

이 같은 낙관론은 만델라를 더 강하게 만들었다. 감옥에서 채소밭을 가꾸며 자신의 인생을 더욱 강인하게 만들었다. 권투연습을 비롯해 제자리 달리기, 팔굽혀 펴기, 윗몸 일으키기 등 운동을 하며 체력을 단련시켰다. 탈옥을 시킨 뒤 사살할 계획으로 수차례 탈옥을 제의했지만 모두 거부했다.

드디어 1990년 2월 11일. 만델라는 자유의 몸이 됐다. 이와 동시에 남아프리카인들은 '자유'를 되찾았다.
만델라는 "비록 일흔 한 살이지만 나는 내 인생이 이제 막 새롭게 시작되는 것을 느꼈다"며 새로운 출발과 도전을 불태웠다.

그는 3년 뒤 노벨 평화상를 받았다. 그리고 76세 만델라는 남아프리카공화국 최초의 흑인 대통령이 됐다. 이어 그가 꿈꿨던 '아파르트헤이트(Apartheid-극단적 인종차별 정책)'를 끝낸데 이어 350여 년에 걸친 인종분규에 종지부를 찍었다. 남아공 국민대통합을 이끌어냈다.

불의에 맞서 사회 부조리를 개선하고자 했던 한 청년의 용기 있는 도전이 흑인의 운명을 바꾼 것이다.

넬슨 만델라는 말한다.

"청년들이여, 용기란 두려움이 없는 것이 아니라, 두려움을 이기는 것이라는 걸 나는 알았습니다. 용감한 사람은 무서움을 느끼지 않는 사람이 아니라, 두려움을 정복하는 사람입니다."

"두려움을 정복하라"

Part 05

끈기의
주문

. . .

나는 할 수 있다,
절대로
포기하지 말자

끈기 _

쉽게 단념하지 않고
끈질기게 견디어 나가는 기운.

끈기는 목표와 꿈을 향해 질주하라는 뜻이다. 끈기는 다른 말로 '절대 포기하지 말라'는 의미다.

프랑스의 영웅 나폴레옹은 "승리는 가장 끈기 있는 사람에게 돌아간다"라고 갈파했다. 옥스퍼드대학 졸업식에서 사회진출을 앞둔 졸업생들에게 처칠은 세 마디를 던졌다.

"절대로 포기하지 마라. 절대로 포기하지 마라. 그리고 절대로 포기하지 마라"

영국의 총리를 두 번이나 지내고 노벨문학상까지 받은 윈스턴 처칠. 그는 "무엇을 하든지 절대 포기하지 말라"면서 "끊임없이 노력하라. 체력이나 지력이 아닌, 노력이야말로 잠재력의 자물쇠를 푸는 열쇠다"라고 밝혔다. 한 가지를 하더라도 매일 할 수 있는 끈기를 갖기 위해 노력했다.

말 더듬이였던 처칠은 학창시절 말썽꾸러기 낙제생이었다. 3수 끝에 육군사관학교에 들어갈 정도였다. 백작인 아버지의 수많은 비하, 억눌림으로 우울증까지 생겼다. 친구들은 그를 조롱했다. 그가 어떻게 영국 총리까지 할 수 있었을까? 그는 "포기하지 않는 정신에 있었다"라면서 "성공은 계속되는 실패 속에서도 열정을 잃지 않는 힘으로 이뤄진다"라고 강조했다.

청춘이여! 성공주문을 외쳐라!

특히 어머니의 사랑이 처칠의 꿈을 일깨웠다.

어머니는 "아들아, 너는 할 수 있다. 너의 영혼 속에는 영국을 이끌어갈 위대한 혼이 숨어있다"라고 하시며 끊임없이 아들 처칠을 격려했다. 처칠은 여기에서 용기를 얻었고 늦은 출발이었지만 포기하지 않고 끈기 있게 꿈을 꾸었다. 그리고 매순간 "나는 할 수 있다. 포기하지 말자"라는 주문을 외웠다. 끈기는 성공을 만드는 마법 같은 것이다.

청년들이여, 여러분은 어떤 끈기와 열정을 갖고 있나요?

'끈기'의 아이콘

| 박   찬   호 |

"성급하게
여러 계단을 한꺼번에
뛰어오를 수는 없다"

박찬호는 누구
한국인 최초의 메이저리거. 17년간 꿈의
무대에서 124승을 달성한 '코리안 특급'
으로 불리는 야구 선수다. 14세 때 투수
훈련을 시작해 19세에 미국 'LA다저스
스타디움'을 방문한 뒤, 세계 최고 투수
의 꿈을 꾸었다.

코리안 특급 박찬호의 '도전'과 '끈기'

　한국인 최초로 메이저리그라는 꿈의 무대에서 124승을 달성한 '코리안 특급' 박찬호. 그는 17년간 야구의 종주국 미국에서 국내외 팬들에게 큰 기쁨을 주었다.

　박찬호 선수는 1973년 충남 공주에서 태어났다. 초등학교 3학년 때 육상선수에서 야구선수로 전향했다.

　박찬호는 스스로 '촌놈'임을 자랑스럽게 생각했다.

　"사실 저는 충남 공주 인근 시골에서 태어난 촌놈입니다. 하지만 저는 어디 가서든지 자신 있게 촌놈이라고 말하고 다닙니다. 남들이 미련하다고 할 만큼 우직하고 묵묵히 훈련에 임해온 지난날들이었거든요. 그 '촌놈의 힘'이 지금은 박찬호를 만들었다고 해도 과언이 아니죠." 박찬호를 만든 힘은 이처럼 자신감과 긍지, 도전정신에 있었다.

　박찬호가 본격적인 투수의 길을 걷게 된 것은 중학교 2학년 때이다.

　"중학교 2학년 때부터 투수훈련을 시작했어요. 저의 미래 운명이 시작된 것이죠."

하지만 투수생활은 쉽지 않았다. 고등학생이 되자 담력을 키우기 위해 근처 공동묘지에서 훈련을 했다. 스스로와 담력훈련을 하며 박찬호는 어느 날 담력이 커져 있는 자신을 발견했다.

18세를 맞이하던 1991년, 한미일 국제 야구대회 청소년 대표 선수로 발탁되면서 그는 두각을 나타내기 시작했다. 고등학교 3학년 박찬호는 청소년 야구 대표로 'LA 다저스 스타디움'을 방문하고 그 위용에 깜짝 놀랐다.

"와, 이런 곳에서 세계적인 선수들과 어깨를 나란히 하면 얼마나 좋을까!"

박찬호는 세계무대로 가겠다는 꿈을 키웠다. 이렇게 공주고등학교에서 촉망받는 유망주로 떠오른 박찬호는 19세에 한양대학교에 진학했다.

"계단을 한꺼번에 뛰어오를 수는 없다"

그리고 21세가 되자 박찬호는 국내에서의 성공이 보장된 길을 버리고 미국 메이저 리그로 가는 선택을 했다. 대한민국 선수로는 최초로 메이저리그에 진출한 박찬호, 그러나 마냥 승승장구할 것 같은 그에게도 곧 시련이 왔다.

"1995년 자만심에 빠져 메이저리그로 가지 못하고 마이너리그에 간 적이 있어요. 메이저리그로 간다고 호언장담했던 제가 비참했죠. 하지만 그때 비로소 마음을 비우고 묵묵히 그리고 성실하게 열심히 해나가는 자세를 배울 수 있었습니다."

이후 박찬호는 '성급하게 여러 계단을 한꺼번에 뛰어오를 수는 없다'라는 어머니의 말씀을 늘 가슴에 되새겼다. 스스로를 갉아먹는 '자만심'을 없애나갔다. 이를 통해 모든 일은 순서를 밟아 가는 것이 정도라는 교훈을 얻었다.

그리고 1996년 4월 7일 미국으로 간지 2년 4개월 만에 첫 승을 거뒀다. 부상당한 투수를 대신해 갑작스레 마운드에 올랐지만 박찬호는 이를 악물고 공을 던져 기회를 잡았다.

"4이닝 동안 삼진 7개를 잡아내며 첫 승의 기쁨을 만끽했죠."

첫 승은 박찬호가 17년간 124승이라는 위대한 기록을 달성하는 원동력이 됐다. 박찬호의 성공은 이처럼 꿈에 대한 열정, 탄탄한 실력, 대담함, 끈기, 긍지 등 여러 요소들이 결합해 이뤄진 것이다.

박찬호는 1994년 LA다저스 데뷔 이후 2005년 메이저리그 100승을 달성하였고 2010년에는 124승을 거두어 동양인 최다승 투수에 등극하게 되었다. 또한 그는 대한민국 선수 중에서 유일하게 한국, 미국, 일본 세 리그에서 모두 선발승을 거두었으며 통산 156승의 성적을 거두게 되었다. 2010년 은퇴하기까지 박찬호의 끈기와 끝없는 노력으로 인해 거둔 성적은 신화적이라 말할 수 있겠다. 대한민국 야구는 새로운 역사를 쓰게 된 박찬호, 그는 진정한 '도전'과 '끈기'의 아이콘이다.

"계단을 한꺼번에 뛰어오를 수는 없다"

'끈기'의 아이콘

| 조앤 K. 롤링 |

성공
주문

"이야기에서 중요한 것은

이야기의 길이가 아니라

그 내용이 얼마나

훌륭한가 하는 점이다.

인생도 마찬가지다."

조앤 K. 롤링은 누구

전 세계를 강타한 초특급 베스트셀러 '해리포터' 시리즈의 작가. 이 책은 135개국에서 67개 언어로 출간됐고 무려 4억5000만 부 이상이 팔려나갔다. 롤링은 이혼녀, 무직, 무명작가, 실패, 우울증 등 온갖 난관 속에서도 작가의 꿈을 잃지 않고 '끈기'로 이를 이뤄냈다.

'해리포터 신화'를 탄생시킨 조앤 K 롤링의 '끈기'

해리포터 시리즈로 세계적인 작가 반열에 오른 조앤 K. 롤링. 그녀의 어린 시절 꿈은 '문학소녀'가 되는 것이었다. 어려서부터 책 읽기를 좋아했던 롤링은 자신이 지어낸 이야기를 친구들에게 들려주는 것을 즐겼다. 여섯 살 때 '토끼'를 소재로 동화를 쓰기도 했고 초등학교 시절에도 취미삼아 글을 썼다. 이렇게 롤링의 학창시절 유일한 꿈은 소설가가 되는 것이었다.

소설가의 꿈을 꾸며 17세 소녀 롤링은 옥스퍼드대학교에 입학시험을 봤지만 낙방했다. 잉글랜드 서남부의 엑서터대학교에 입학했다. 대학생 롤링은 불문학과 고전학을 전공하며 많은 습작소설을 썼다. 특히 다른 작가의 작품을 읽는데 많은 시간을 보냈다.

대학을 졸업한 22세의 롤링은 국제사면위원회에 임시직원으로 들어가 비서생활을 시작했다. 그러나 비서는 그

"그래 다시 시작하자"

녀의 적성에 맞지 않았다. 그러던 중 25세 때 롤링은 어머니의 사망으로 충격에 빠진다.

그녀는 삶의 돌파구를 찾아 롤링은 포르투갈에서 영어교사로 취직을 했다. 소설가의 꿈을 펼치기 위해 매일 밤마다 차이콥스키의 바이올린 협주곡을 들으며 글쓰기를 이어갔다.

27세 때 방송사 기자와 결혼을 한 롤링은 다음해 딸을 낳았지만 성격차이로 이혼녀가 됐다. 훗날 롤링은 이때가 자기 인생 최악의 시기였다고 말한다. 백수생활의 연속이었다. 아이에게 먹일 분유가 없어 물을 탄 우유를 먹여야 할 정도였다. 기저귀 값이 없어 유아용 탈의실에 비치된 기저귀를 훔치다 망신을 다하기도 했다. 급기야 가난한 이혼녀로 3년 넘게 주당 1만5천원의 정부 생활보조금을 받는 신세까지 져야했다. 생활고로 인한 스트레스로 우울증까지 찾아왔다. 삶을 마감하기 위해 수면제 통을 집었지만, 딸의 우는 소리에 정신을 바짝 차렸다. 롤링은 "자살까지 생각했다"라고 당시를 회고한다. 어려운 삶이 이어졌지만 롤링은 단 하나, 소설가의 꿈을 놓지 않았다.

"나는 어디까지 추락할 것인가. 그래 다시 글을 써보자."

정신을 차린 롤링은 25세 때 맨체스터에서 런던까지 기차를 타고 여행할 때 불현 듯 떠올랐던 영감들을 정리하며 무섭게 글쓰기에 몰입했다. 떠오르는 환상을 잊지 않도록 기록하는, 가히 메모광과 같은 나날이 이어졌다.

롤링은 당시 맨체스터로 이사하기 위해 집을 알아보고 런던의 부모님 댁으로 돌아가는 중이었다. 그런데 기차가 고장나 4시간가량 시골 한복판에 정차하게 됐다. 롤링은 무료한 시간을 달래기 위해 상상에 잠겼다.

마법 세계의 환상에 빠진 것이었다. 자신이 마법사라는 사실을 모르고 우연히 마법 학교에 입학한 소년에 대한 이야기였다. 롤링은 이 주인공이 11세부터 17세까지 다니는 학교생활을 소재로 모두 7권의 시리즈를 만들기로 했다.

이렇게 해서 5년간의 구상과 집필 끝에 백수 롤링은 30

"그래 다시 시작하자"

세에 첫 권의 대작《해리포터》를 완성했다. 돈이 없어 스코틀랜드 예술위원회의 신인 작가 창작 지원금을 받았다.

롤링은 기쁜 마음에 완성된 소설을 12개의 출판사에 보냈다. 하지만 "너무 내용이 길고 신인 작가의 작품이다"라며 모든 곳에서 출간을 거절했다. 그러던 중 행운으로 저작권 대행업체를 만났다. 이 회사의 소개로 '블룸즈버리'라는 출판사를 만나게 됐다.

이렇게 천신만고 끝에 이 출판사는 선인세 1500파운드(한화 약 200만원)라는 헐값에 출판계약을 체결했다. 이렇게 해서 32세 때이던 1997년 6월 26일 롤링의 첫 서적이 탄생했다. 그 유명한《해리포터와 마법의 돌》이었다. 아쉽게도 원고 완성한 지 2년이 지나 출판 되었다. 출판사는 "아동서로는 절대 돈을 벌지 못합니다"라며 단 500권의 초판만 펴냈다.

그런데 이 책이 미국에서 대박을 냈다. 미국 중견 아동 출판사인 '스콜라스틱'이 해리포터의 가능성을 높게 평가

하고 선인세 10만 달러(한화 약 1억 원)를 롤링에게 주며 출간계약을 체결한 것이다.

이후 2부 《비밀의 방》, 3부 《아즈카반의 죄수》, 4부 《불의 잔》, 5부 《불사조 기사단》, 6부 《혼혈왕자》, 7부 《죽음의 성물》에 이르기까지 롤링은 42세까지 12년에 걸쳐 대작을 완성했다.

2001년 36세부터는 영화 '해리포터'가 나와 원작의 인기를 한층 높여줬다. 책은 불티나게 팔렸다. 135개국에서 67개 언어로 출간됐고 무려 4억5000만 부 이상이 팔려나갔다.

가난한 무명작가 롤링은 벼락부자가 됐다. 영국 100대 부자가 됐고 억만장자 작가의 대열에 올라갔다. '해리 포터'는 현재 15억 달러(한화 약 1조5,163억 원)의 가치가 있는 글로벌 브랜드가 됐다.

롤링은 하버드대 졸업식 연설에서 이렇게 말했다.

"그래 다시 시작하자"

"저는 실패한 제 자신을 있는 그대로 받아들이게 되었고 제가 가진 모든 열정을 제게 가장 소중한 한 가지에 쏟아 붓기 시작했습니다. 제가 소설 이외에 다른 것에 성공했었다면 제가 진심으로 원했던 일에서 성공하겠다는 굳은 의지를 다지지 못했을 것입니다.

이미 제가 그토록 두려워했던 실패를 경험했기 때문에 마침내 저는 실패에 대한 두려움으로부터 자유로워졌습니다.

그런 엄청난 실패를 겪고도 저는 여전히 살아 숨 쉬고 있었고, 제가 너무나도 사랑하는 딸이 곁에 있었고, 제게는 낡은 타자기 한 대와 원대한 꿈도 있었습니다. 제가 추락할 때 부딪혔던 딱딱한 바닥을 주춧돌 삼아 그 위에 제 삶을 다시 튼튼하게 지을 수 있었습니다.

로마의 현인 세네카는 이렇게 말했습니다.
'이야기에서 중요한 것은 이야기의 길이가 아니라 그 내용이 얼마나 훌륭한가 하는 점이다. 인생도 마찬가지다.'"

(2008년 6월 하버드대 졸업식 축사 중에서)

Part 06

글로벌
영웅들의
성공주문

. . .

미래는
창조하는
사람의 것이다

장애 극복 세계신기록 14개

| 데 이 비 드 레 가 |

"저는 선천적으로 작고 기형적인 팔다리를 가지고 태어났습니다. 하지만, 실망도 좌절도 하지 않았습니다. 현실을 인정하고 저 자신의 한계에 도전했습니다."

장애인 올림픽에서 14개의 신기록을 만든 수영스타 데이비드 레가(David Lega). 그는 스스로 한계에 도전해 자신의 미래를 슬기롭게 개척했다. 레가의 삶은 '도전과 성공'으로 이어진 미래창조 그 자체였다.

1973년 그는 선천적으로 두 팔이 마비되고 다리에는 근

"나의 한계에 도전하라"

육이 부족한 중증장애를 가지고 태어났다. 의사는 평생 누군가의 도움 없이는 혼자 바로 앉을 수 없을 것이라고 진단했다. 하지만, 레가는 피나는 훈련 끝에 앉기에 성공했고 열두 살이 되던 1986년, 손발이 없는 수영선수 피터 헐(Peter Hull)의 조언으로 수영을 시작하면서 질주의 도전을 시작했다.

"그래, 장애인이라고 이렇게 자포자기 할 수 없잖아. 한번 부딪혀 보는 거야."

그는 몸통 하나로 물속에 풍덩 뛰어들었다. 죽는 줄 알았다. 물을 먹고 죽을 경험을 수없이 한 끝에 물에 뜨는 법을 배웠다. 땅위에서는 걸을 수 없는 몸이지만, 물 위 세상은 그의 천국이었다. 본인이 원하는 곳은 어디든지 편안하게 다닐 수 있게 됐다.

"바로 이거야."
삶을 새로 느낀 레가는 국제 수영대회에 도전장을 냈다.

1990년 주니어 세계선수권대회에서 은메달, 1996년 애틀랜타 패럴림픽 대회 세계신기록 달성 등 3개 세계선수권대회 금메달, 4개의 유럽선수권대회 금메달, 14개의 세계신기록을 달성하며 장애인 수영의 전설이 됐다.

　수영의 전설이 된 레가는 선수 은퇴 후 창업자의 길을 걸었다. 휴대전화 업체 등 수많은 기업을 경영하며, 자신의 이름을 딴 의류 브랜드 '레가웨어(Lega Wear)'를 창업했다. 2009년에는 미국 시장에까지 진출했다. 그의 '도전'은 모국 스웨덴 사람들에게 커다란 용기를 줬다. 2011년에는 스웨덴 2위 도시 고텐버그(스웨덴어로 예테보리) 부시장이 됐다.

　피나는 집념과 노력 끝에 걷지도 못하는 스웨덴의 불쌍한 장애소년이었던 레가는 이렇게 자신의 운명을 화려하게 바꿔냈다. 레가는 "포기하지 말라. 나는 걷지도 못하는 장애인이지만, 정상인 보다 더 행복한 삶을 개척했다"며 용기 있는 도전을 주문한다.

　　　　　　　"나의 한계에 도전하라"

실패학의 대가

| 시드니 핑켈스타인 |

노키아는 왜 몰락했을까. 블랙베리는 왜 그렇게 갑자기 망했을까. 삼성그룹은 왜 자동차 사업에 실패했을까. 수많은 기업이 성공과 실패를 거듭한다.

미국 다트머스대 교수인 시드니 핑켈스타인(Sydney Finkelstein)은 왜 위대한 기업들이 망하는지, 어떤 리더가 실패하는지, 실패사례를 평생 연구했다. 그리고 숱한 실패에 대한 사례분석을 통해 성공의 법칙을 찾아냈다. 이 같은 연구를 통해 세계적인 '실패학의 대가'가 됐다.

그는 어떤 사람, 어떤 기업이 실패한다고 결론내릴까.

핑켈스타인은 "실패한 경영자들은 모두 자신과 기업이 환경을 지배한다고 믿고 있었고, 중요한 장애물을 과소평가했다. 특히 과거의 성공에 집착하고 있었다"라고 진단한다.

2000년대 초까지 세계 최고 전자회사였던 노키아는 '성공신화'에 안주해 '혁신'을 게을리 한 결과 몰락의 길을 걷고 있었다. 노키아는 핀란드 대표 휴대폰 회사로 14년 연속(1989~2011) 글로벌 휴대폰 판매량 1위를 기록하며 전 세계를 호령한 회사다. 하지만, 스마트폰 시대가 다가오고 있었지만, 미래를 준비하지 않고 과거 성공에 심취한 결과 추락했다.

핑켈스타인은 "누구든지 현재에 안주하면 미래가 없다"라고 말한다.

"안주하면 미래가 없다"

전설적인 해커

| 케빈 미트닉 |

케빈 미트닉(Kevin Mitnick), 그는 천재 컴퓨터 광이다. 미국의 평범한 중산층 가정에서 태어난 미트닉은 유달리 컴퓨터를 좋아하는 소년이었다.

컴퓨터 소년 미트닉은 10대 때 '해킹'에 빠져들었다. 학교 전산망에 무단 침입해 자기 성적을 조작해 우수학생이 됐다. 기업은 물론 미국 펜타곤과 국가안보국(NSA) 전산망을 제집처럼 드나들었다.

25세 때 DEC사의 일급 기밀 정보에 손댄 사실이 처음

발각돼 1년 동안 감옥신세를 진다. 하지만, 해커로서의 실력을 앞세워 이 같은 범죄기록마저 해킹해 기록을 삭제해서 세상을 놀라게 했다.

그는 모토롤라, 썬, 퀄컴 등 유수기업 전산망을 뚫어 네트워크를 교란시켰다. 결국 일본인 보안 전문가의 컴퓨터를 해킹한 사실이 탄로나 1995년 FBI에 체포됐다. FBI가 그를 추적한 지 5년만의 일이다. 이 때 미트닉은 처음으로 세상에 모습을 드러냈다. 그가 체포되자 세계 각지에서 "그가 계속 컴퓨터를 만질 수 있도록 해달라"라고 구명운동이 펼쳐졌다.

그의 체포과정은 영화 〈테이크 다운〉으로도 만들어졌다. 전설적인 해커에서 정보파수꾼으로 변신한 미트닉은 "나는 해커가 아닙니다"라는 글자가 적힌 옷을 입고 다닌다.

그는 5년 동안 복역하고 2000년 출소하였으며, 보안 컨설팅 업체인 '미트닉 시큐리티'를 운영하고 있다.

미트닉은 "자신이 하고 싶은 일에 미쳐라. 하고 싶고 좋아하는 일에 미쳐라."라고 말한다. 자신이 한때 블랙해커로서 악명을 떨쳤지만, 지금은 화이트 해커로 세상을 이롭게 하는 데 앞장서고 있다는 뜻에서 한 말이다.

실리콘밸리의 창업 대가

| 짐 멕켈비 |

모바일 혁명이 기업 비즈니스를 바꿔놓고 있다. 나아가 인류의 삶까지 변화시키고 있다. 텔레비전 시청과 카드 결제, 음악 감상 등 안 되는 기능이 없고 센서를 부착한 사물 인터넷(IoT)과 결합해 개인의 건강상태까지 체크했다. 과연 모바일 비즈니스는 어떻게 진화할 것인가. 실리콘밸리의 창업 대가 짐 맥켈비는 '모바일 창업'에 미래가 있다고 말한다.

1989년 24세에 온라인 자가 출판 서비스회사 '미라

"큰 성공에 도전하라"

(Mira)'를 창업한 짐 맥켈비(Jim McKelvey). 또 IT 분야의 창업을 돕는 서비스 회사도 잇따라 설립했다. IT 분야 창업에서 금융 서비스를 제공하는 '식스서티(Six Thirty)'와 IT 인재와 이를 필요로 하는 기업을 한자리에 모아주는 '론치코드(Launch Code)'를 설립하기도 했다. 또한 그는 2009년 또 다른 창업에 도전한다.

"3,000달러 카드로 결제해주세요."

자가 출판 회사를 운영하던 맥켈비에게 고객이 대금 결제를 요청했지만, 그는 단말기가 없어 결제를 해줄 수 없었다. 이 일을 계기로 맥켈비는 '단말기 없이 카드 결제가 가능한 방법은 없을까'를 고민하기 시작했다. 맥켈비는 트위터 공동창업자 잭 도시에게 전화를 했다.

"휴대폰 결제서비스 회사를 함께 만들자."

두 사람은 창업에 도전했다. 2010년 전용 리더기를 스마트폰에 연결시키면 카드 결제가 가능한 서비스를 내놓았다. 이어 2012년 얼굴 대조만으로 결제가 가능한 '페이 위드 스퀘어'를 선보였다. 핸드폰만 있으면 신용카드 결제가 가능한 서비스다.

이 회사의 기업 가치는 5년 만에 50억 달러(약 5조 3천억 원)로 솟구쳤다. 맥켈비는 "샐러리맨의 성공은 작은 성공이지만, 창업자는 세상을 바꾸는 큰 성공을 하게 된다."라며 "큰 성공에 도전하라"고 말한다.

세상을 놀라게 한 '집 없는 해커'

| 아드리안 라모 |

'집 없는 해커'로 알려진 아드리안 라모. 인도계인 그는 뉴욕타이스, 야후, 마이크로소프트 등의 네트워크에 침입해 회사경영관련 핵심 정보를 속속 빼냈다. 그리고 시스템 관리자에게 연락해서 보안 시스템의 취약점을 알려줬다. 특히 뉴욕 타임스 전문 해커로 명성을 날렸다.

이로 인해 세계적으로 악명이 높은 해커로 알려지면서 FBI의 추적을 받았다. 버스를 타고 미국 전역을 떠돌아다니며 친구 집에서 자고, 빈 빌딩에서 머무는 생활을 해 '홈

리스 해커'로 별명까지 얻었다. 하지만 호기심이 강해 공짜 인터넷이 가능한 곳이라면 어디에서든 해킹을 시도했다.

19세때 MCI 월드컴 시스템에 침입해 해킹을 시도한 데 이어 같은 해 마이크로 소프트와 야후 뉴스 사이트를 침입했다. 그는 야후 시스템에 들어가 뉴스 기사를 바꿀 수 있다는 사실까지 알게 됐다.

"저는 보안 취약점이 있는 시스템을 찾는 게 매우 흥미롭습니다."

청년 라모는 "호기심 때문에 취약한 시스템을 찾아 해킹한 뒤 보안상 취약점을 알려주고 싶었다"며 "나는 사악한 해커가 아니라 화이트 해커"라고 말한다. 그는 따라서 스스로를 '화이트 햇 해커(White Hat Hacker)'라고 말한다. 보안의 취약점을 찾아 알려주는 착한 해커라는 뜻이다. 실제 그는 자신의 이익을 위해, 많은 돈을 위해 해킹을 하던 기존의 해커들과는 달리 오직 자신의 멈출 수 없는 호기심

"호기심을 충족시켜라"

해결을 위해 해킹을 했다.

그는 2014년 미국의 아프간 전 비밀문건 유출 사건과 관련해 용의자 브래들리 매닝을 FBI에 신고했다. 미군 활동 중 비인륜적이라고 판단되는 내용을 위키리크스에 유출시켰다는 이유에서다. 이로 인해 매닝은 35년형을 선고받았다.

Part 07

영웅을 꿈꾸는 청춘들의 성공주문

. . .

세계를 제패하라,
세상은 넓고
할 일은 많다

"유명인이 될거야" 청년 창업가의 도전

| 황희승 |

   한국 모바일 비즈니스의 새로운 길을 열어가고 있는 황희승 잡플래닛 창업자. 그에게는 "나는 꼭 유명인이 될거야"라는 꿈이 있었다. 이 같은 꿈을 쫓아 2009년 25세의 나이에 미국 에모리 대학을 졸업하기도 전에 자퇴하고 취업 대신 창업을 선택했다.

   "미국의 멋진 저택을 동경하며 저 집에 살려면 어떻게 해야할까를 궁리했죠. 내린 결론이 내 사업을 하자는 것이었고 바로 실행에 옮겼어요."

"꼭 유명인이 될거야"

그가 처음으로 창업한 회사는 소셜커머스 업체 '베스트 플레이스'. 당시 뜨고 있는 호텔 할인 이용권을 사이트에 올려 팔기 시작했다.

이 회사 설립을 통해 역량을 인정받은 황 대표는 그루폰 주요 주주인 독일계 인큐베이팅 회사 로켓인터넷의 제의를 받았다. 그루폰 코리아를 함께 설립하자는 것이었다. 황 대표는 CEO가 되기 위해 시뮬레이션 테스트에 참가, 5대 1의 경쟁을 뚫었다.

이렇게 해서 황희승은 그루폰코리아 대표가 됐다. 이어 '그루폰'을 국내 소셜커머스 '빅3'로 키워냈다. 이에 앞서 뷰티 아이템 쇼핑몰 '글로시박스', 소셜 숙박 사이트 '윙두코리아', IT벤처 인큐베이팅 기업 '로켓인터넷'을 창업했다. 그는 두 번 성공했지만 두 번 실패했다.

황 대표는 "실패가 지금의 사업을 잘할 수 있게 한 원동력이었고, 마음을 다잡을 수 있는 힘을 준다"고 말한다.

청년 황희승은 여기서 멈추지 않았다. 2012년 그루폰 코리아 대표직을 사임하고선 천직을 찾아주는 컨설팅 플랫폼이라는 콘셉트를 바탕으로 '브레인커머스'를 설립했다. 또 직원이 직접 자신의 회사를 평가하고 그 내용을 구직자가 공유할 수 있는 사이트 '잡플래닛'을 선보였다.

직원들이 익명으로 자기 회사의 장점과 단점을 올려 취업자를 위한 정보로 활용하고 일하기 좋은 기업을 만드는데 도움을 주자는 생각에서 나온 아이디어다.

청년 황희승은 "창업을 하든, 취업을 하든 즐기며 할 수 있는 일을 골라라."라고 말한다.

"꼭 유명인이 될거야"

벤처기업가로 변신한 세계 3대 해커

| 홍민표 |

"성공하는 한국 기업인이 되려고 실리콘밸리에서 창업을 선택했습니다."

'에스이웍스(SEworks)' 대표인 청년 홍민표는 35세의 나이에 무작정 미국 실리콘밸리행 비행기를 탔다. 그가 믿고 있는 것은 모바일 보안 기술. 그는 이 기술 하나면 한국이든, 미국이든 무서울 것이 없다고 믿었다. 국내 기업만을 상대로 보안 기술을 제공해도 기업경영에 큰 문제가 없었지만, 홍민표는 글로벌 경쟁에서 승리하고 싶었다.

놀랍게도 그의 사업 성공 가능성을 보고 퀄컴, 소프트뱅크, 패스트트랙아시아에서 모두 20억 원의 투자를 받았다.

마이크로소프트에서 선발하는 '스마트 그로스(Smart Growth-소프트웨어 벤처기업 육성 사업)' 2기 톱 5에 선정되기도 했다.

"저는 만나는 사람들을 비즈니스적으로 대하는 것이 아니라. 그냥 친구이자 동료가 되려고 노력하고 있습니다."

홍민표 대표는 비즈니스를 아주 긴 안목에서 대하고 있다. 그 스스로 '보안 전문가'라는 탄탄한 실력에 자신감이 있기 때문이다.

홍 대표는 1998년 20세 때 화이트해커 연구단체인 '와우해커'를 조직했다. 해킹 연구 끝에 세계 3대 해커라 불릴 만큼 뛰어난 해킹 실력을 갖출 수 있었다. 30세가 되자 쉬프트웍스 창업을 거쳐 이를 인프라웨어에 성공적으로 매각했다.

이 매각대금으로 다시 34세에 모바일보안 에스이웍스

"세계를 잡자"

를 창업했다. 실력을 믿고 고객들이 빠른 시간에 늘었다.

"미국을 제패하면 세계를 잡을 수 있다고 생각해 미국 진출을 결심했습니다."

청년 홍민표는 세계화만이 원대한 꿈을 실현할 수 있다고 믿고 미국시장에 도전장을 낸 것이다. 기업 가치를 1조 원으로 인정받는 게 그의 꿈이다. 그는 남들이 안티 바이러스나 개인 위주의 모바일 솔루션 개발에 집중할 때 모바일 앱을 보호해주는 보안솔루션을 개발했다.

홍민표 대표가 개발한 '메두사'는 소스코드를 베낄 수 없도록 해 모바일 보안 위협으로부터 애플리케이션을 보호해준다.

청년 홍민표의 이제 꿈은 모바일 보안에서 세계1위 기업을 만드는 일이다.

CNN 최초의 한국인 앵커

| 메 이 리 |

누구나 최초가 되는 것은 쉬운 일이 아니다. 수줍음 많았던 한국인 소녀 메이 리는 CNN 최초의 한국인 앵커, 아시아인 최초의 CNN 기자가 됐다. 백인들만 활동하는 CNN에서 키 작은 동양인 여자의 등장은 눈길을 끌기에 부족함이 없었다. 그녀가 앵커의 꿈을 꾼 것은 의대 예과 2학년 20세 때다.

"방송기자가 나의 꿈으로 다가왔어요. 이때부터 모든 관심사는 방송기자가 됐죠."

"한 우물을 파자"

메이리는 다양한 사회적 이슈들을 추적하고 사건의 진상을 파헤치는 일을 하고 싶었다.

"한번 해보는 거야. 열정을 갖고 한 우물을 파보자."

메이리는 미국 샌프란시스코 지역 방송국의 인턴사원으로 방송 일을 시작했다. 방송기자의 꿈을 이루기 위해 메이 리가 9개월간 쓴 이력서는 무려 60개에 달했다. 메이리는 방송기자의 꿈을 이루기 위해 자신이 필요로 하는 곳은 어디든지 이력서를 넣었다.

이렇게 인턴으로 시작한 숙녀 메이 리는 NHK와 ABC, CNBC 등 방송인으로서 경험을 쌓을 수 있는 곳은 어디든지 달려갔다. 어느 날 갑자기 진행하던 방송에서 중도 하차하라는 소식을 들어도 좌절하거나 포기하지 않았다.

"어머니에게 한 우물을 파라고 배웠거든요."

좌절하지 않는 메이 리의 도전정신은 그녀를 26세 때 일본 NHK 기자로 이끌어줬다. 2년 후엔 꿈에도 그리던

CNN 기자가 됐다. 최연소이자 한국인 최초였다. 꿈을 이루기 위해 끈기를 갖고 한 우물을 판 결과였다.

33세가 되자 오프라 윈프리가 설립한 '옥시즌 미디어'라는 혁신적인 여성채널에서 그녀에게 토크쇼를 맡겼다. '퓨어 옥시즌'을 간판 토크쇼로 만들며 메이 리는 '아시아의 오프라 윈프리'라는 타이틀을 순식간에 거머쥐었다.

38세 메이 리의 도전은 멈추지 않았다. 싱가포르에 '로터스미디어하우스'라는 방송국을 설립했다. 아시아 여성들을 위한 프로그램 제작에 앞장서고 있다. 이어 10년 후인 48세 메이 리는 CCTV의 미국 특파원으로 열정을 불태우고 있다.

메이 리는 '열정(Passion)', '끈기(Perseverance)', '설득(Persuasion)', '참을성(Patience)'이 지치지 않고 도전하는 자신을 만들었다"고 한다.

대한민국 2030 청춘들을 위하여

MBN Y 포럼이란

1등 종합편성채널 MBN이 대한민국의 미래를 책임질 20~30대에게 꿈과 비전, 도전정신을 제시하기 위해 기획한 글로벌 포럼이다. 대한민국 2030세대 청년들의 기상이 전 세계로 뻗어나가 개인과 국가 융성의 길을 찾고 다 함께 희망찬 세상을 만들자는 비전을 담고 있다.

이를 위해 2011년 시작된 'MBN 포럼'을 'MBN Y 포럼' 으로 이름을 바꿔 2015년 청년들을 위한 멘토링 축제로 다시 출범시켰다. Y는 대한민국의 미래를 이끌 젊은 세대 (Young Generation), 즉 Y세대를 상징한다.

젊은 세대는 새로운 미래에 도전 중인 청년들과 성공

한 리더의 이야기를, 기성세대는 젊은이들이 가지고 있는 고민과 아픔, 꿈 이야기를 들을 수 있는 무대다. 젊은 세대와 기성세대가 서로를 이해할 수 있는 소통의 자리이기도 하다.

'2030 우리들의 영웅' 어떻게 뽑았나

'MBN Y 포럼'은 2030세대들이 만나고 싶고 롤 모델로 삼고 싶은 사람들을 각 직업별로 추천-선정-투표의 3단계 방식으로 '우리들의 영웅들'을 뽑았다.

2015년 처음 제작된 제1회 '2030 우리들의 영웅상' 후보 선정 작업은 2014년 6월 시작됐다. 한 달 동안 모든 직업군별 후보 추천이 이뤄졌으며, 2030세대 2500여명이 참석해 모두 350여명의 후보가 추천됐다.

상위 후보로 추천된 사람들을 종합한 결과 정치, 경제, 스포츠, 문화예술 등 모두 4개 분야로 크게 묶을 수 있었다. 특히 2030세대는 문화예술 분야에 대한 영웅들이 많았다. 이에 문화예술 분야는 남녀를 별도로 나눴다.

이어 '2030 우리들의 영웅상' 선정위원회에서 5개 분야마다 가장 많이 호명된 순서로 5명씩 후보를 선정해, 모두 25명의 우리들의 영웅 후보를 최종 투표 대상자로 뽑았다.

이렇게 추천과 선정과정을 거쳐 최종 후보 25명에 대한 투표가 2014년 7월부터 12월 31일까지 진행됐다.

투표는 인터넷 홈페이지(www.2030hero.co.kr)와 모바일 투표, 길거리 투표 등의 방식으로 진행됐다. 모두 5,500여 명이 넘는 2030 세대가 투표에 참여했고, 최종적으로 영광의 10인이 '우리들의 영웅'으로 선정됐다.

10인 영광의 '우리들의 영웅' 영예

정치 분야에서는 반기문 유엔 사무총장과 박원순 서울

시장이 영예를 안았다. 경제 분야에서는 김범수 다음카카오 의장과 서경배 아모레퍼시픽 회장이 선정됐다.

스포츠 분야에서는 피겨스케이팅 선수 김연아와 축구 선수 박지성이 영예를 안았다. 남녀로 나뉘어 진행된 문화 예술 분야에서는 MC 유재석, 배우 하정우와 전지현, 개그우먼 이국주가 영웅으로 선정됐다.

본서에서는 'MBN Y 포럼'에서 선정한 영웅들 및 해외 유명 인사들의 이야기를 소개하고, 대한민국 젊은이들을 응원하는 특별 메시지를 담았다.

디 오렌지가
'영웅들'에게 묻는다

디 오렌지(The Orange)란

'MBN Y 포럼' 서포터즈인 '디 오렌지(The Orange)'란 성공을 꿈꾸는 '희망 원정대', 즉 성공을 꿈꾸는 청년들을 의미한다. 창의와 열정을 상징하는 오렌지는 MBN의 대표 색깔로 '황금'과 '부자', 즉 경제적 성공을 뜻한다.

'디 오렌지'는 MBN에서 미래를 미리 배우고 철저한 준비를 통해 대한민국의 밝은 미래를 열어갈 대학생 홍보대사들이다.

'디 오렌지'는 'MBN Y 포럼'을 함께 기획하며 기자, 작가, PD, 앵커, 아나운서, 포럼기획 등 다양한 분과에서 현직 종사자들의 멘토링을 받으며 대한민국 미래 리더가 될 꿈을 키운다.

2030 청년들을 대신하여 MBN 서포터즈 '디 오렌지(이하 오렌지)'가 각 영웅들에게 궁금해 하는 내용을 담았다.

오렌지가 반기문 영웅에게

- 자신의 인생에서 20대로 돌아간다면 어떤 일을 하고 싶은지?
  (이수연 강원대학교 생명과학과 2학년)

- 지금까지 유엔 사무총장님께서 일을 하시는 동안 가장 보람찼던 적은 언제인가요?　(박유진 한국외국어대학교 슬로바키아어학과 3학년)

- 임기가 끝나기 전 꼭 이루고 싶은 것이 있다면?
  (심수진 건국대학교 글로벌캠퍼스 신문방송학과 3학년)

- 어릴 적 꿈이 외교관이여서 항상 영자신문을 보셨다는 기사를 예전에 읽은 기억이 있습니다. 이렇듯 반기문 사무총장님의 성공의 요인은 성실함 같은데 본인께서 생각하시는 성공 요인은 무엇인가요?　(현정은 한성대학교 무역학과 3학년)

- 청년들에게 영어 이외의 타 외국어 공부를 추천해 주신다면 어떤 것이 있는지요?　(김형준 부경대학교 법학과 3학년)

- 유엔 사무총장으로서 청춘들이 앞으로의 글로벌 시대에 지녀야 할 덕목이 무엇이라고 생각하십니까?

  (지연주 단국대학교 국어국문학과 3학년)

- 유엔에 취업하고 싶은데 아직 한국에서는 유엔에서 일하는 게 흔치 않은 일인데 어떤 준비를 해야 할까요?

  (김신형 성균관대학교 경영학과 3학년)

- 흔히들 총장님의 리더십을 수평적 리더십, 섬기는 리더십이라고 합니다. 카리스마적 리더나 수직적인 리더가 아닌 수평적 리더십을 갖게 된 계기가 궁금합니다.

  (조보경 성신여자대학교 미디어커뮤니케이션 학과 4학년)

- 국제적 갈등이나 분쟁이 오가는 유엔에서 총장님처럼 거의 모든 회원국들의 지지를 받는 것이 흔한 일은 아니라고 합니다. 이렇게 될 수 있었던 이유에는 어떤 것들이 있었다고 생각하시나요?

  (김성민 한국방송예술교육진흥원 방송진행자 전공 2학년)

- 유엔 사무총장으로 계시면서 전 세계의 상황을 보시면서 한국이 앞으로 다른 국가와 다르게 노력해야 한다는 부분으로 생각한 것이 있으신가요? (이선혜 서울여자대학교 불어불문학과 3학년)

• 감옥에서 수감생활을 하면서 많은 양의 독서를 하셨는데, 독서를 통해 얻은 지식들이 현재 시장님의 활동에 있어 어떤 영향을 주는지 궁금합니다.

(백지은 건국대학교 글로벌 캠퍼스 국제지역문화학과 4학년)

• 박원순 시장님의 저서 중 20대에게 추천하고 싶은 책은?

(이수연 강원대학교 생명과학과 2학년)

• 20대 청년들에게 대학 생활 중 가장 추천하고 싶은 서울시 관련 활동은 무엇이 있나요? (최소영 성신여자대학교 식품영양학과 3학년)

• 정치인을 꿈꾸는 학생들에게 제 1덕목으로 지녀야 할 것이 무엇이라고 생각하십니까? (지연주 단국대학교 국어국문학과 3학년)

• 인권변호사 시절의 시장님과 현재 서울시장의 위치에 있는 시장님은 여러 면에서 차이가 있을 것이라 생각합니다. 그때와 지금을 비교했을 때 의사 결정 과정이나 판단 과정에서 변화한 점이 있나요? (조보경 성신여자대학교 미디어커뮤니케이션 학과 4학년)

• 2번이나 서울시장으로 당선되셨는데요. 2번이나 당선될 만큼 사람을 끌 수 있던 박원순 시장님만의 강점은 어떤 것인가요?

(박혜연 서울여자대학교 문헌정보학과 4학년)

- 서울시장 말고 본인이 도전해보고 싶은 분야가 있으신가요?

  (성진주 세종대학교 디지털컨텐츠학과 2학년)

- 시민과의 소통을 위해서 SNS를 활용하시는데 그 과정에서 느끼셨던 점들이 궁금합니다. 또 앞으로 더욱 폭넓은 소통을 위한 구체적인 계획이 있으신가요?

  (김성민 한국방송예술교육진흥원 방송진행자 전공 2학년)

- 시민들과의 소통으로 유명하신데 혹시 남 말을 안 듣고 마음을 닫아버린 사람들과의 소통은 어떻게 해야 하는지 비법이 있다면 알려주세요!

  (정명주 호서대학교 뉴미디어학과 4학년)

- 서울시장으로 일하시면서 세계 다른 대도시들과 비교해서 서울의 강점, 그리고 보완해야 할 약점은 어떤 부분이라고 생각하시는지요?

  (김신형 성균관대학교 경영학과 3학년)

오렌지가 김범수 영웅에게 묻는다

- 카카오톡을 만들게 된 특별한 계기가 있으신가요?

  (지연주 단국대학교 국어국문학과 3학년)

- 카카오톡이 이제는 핸드폰을 사면 가장 먼저 까는 애플리케이션이 되었는데요. 우리나라에서 이렇게 많은 사랑을 받을 수 있었던

이유는 뭐라고 생각하시나요?

(박혜연 서울여자대학교 문헌정보학과 4학년)

• 카카오톡이 출범한 이후로 이와 비슷한 메신저들이 많이 생겼는데요, 이에 맞서는 카카오톡만의 전략은 무엇인가요?

(성진주 세종대학교 디지털컨텐츠학과 2학년)

• 새로운 일에 도전할 때 자신만의 두렵거나 무서움을 극복할 방법이 있나요?

(이수연 강원대학교 생명과학과 2학년)

• '안정적인 직장을 그만두고 마이너스 통장 하나 달랑 들고 사업을 시작했다'는 인터뷰 기사를 봤습니다. 현재는 그 결정으로 인해 큰 성공을 얻었지만, 이러한 결정이 결코 쉬운 일은 아니었을 텐데요, 그 계기가 궁금합니다.

(조은희 계명대학교 언론영상학과 3학년)

• 회사의 대표직을 그만두는 결정이 쉽지 않았을 텐데 그런 결정을 하도록 한 원동력이나 결정적인 영향이 있었나요?

(서사랑 연세대학교 언론홍보영상학부 2학년)

• 다음과 카카오를 합병하며 가장 어려웠던 점은?

(김회연 성균관대학교 사학과 3학년)

• 네이버 이해진 의장과는 특별한 사이로 알고 있는데, 라이벌로서의 이해진 의장을 봤을 때 본인의 장점이 무엇이라고 생각하는가?

(송봉근 한국방송예술교육진흥원 방송진행자 전공 2학년)

- 제2의 카카오톡 개발자를 꿈꾸고 있는 청년들에게 해주고 싶은 말이 있다면 무엇인가요?

(박유진 한국외국어대학교 슬로바키어학과 3학년)

오렌지가 서경배 영웅에게 묻는다

- 중국인들이 K-뷰티에 열광하는 이유는 무엇이라고 생각하는가? 한류의 덕 때문이 아닌지?

(송봉근 한국방송예술교육진흥원 방송진행자 전공 2학년)

- 아모레퍼시픽이 최근 중국 시장에서 눈부신 성과를 거두고 있습니다. 한류열풍 덕분도 있지만 사측에서 중국 진출에 대비해 준비를 많이 했다고 들었는데, 언제부터 중국시장의 가능성을 보신건지 궁금하고, 중국 시장에 진출할 땐 어떤 것을 가장 중점적으로 내세우는지 궁금합니다.

(조보경 성신여자대학교 미디어커뮤니케이션 학과 4학년)

- 2015년까지 세계 10대 화장품 회사로 만드시겠다고 하셨는데 아모레퍼시픽이 외국 기업에 비해 갖는 장점, 그리고 약점은 무엇이라고 보시는지요? (김신형 성균관대학교 경영학과 3학년)

- 아모레퍼시픽이 더 늘려가고 싶은 시장이나 제품이 있다면?

(심수진 건국대학교 글로벌캠퍼스 신문방송학과 3학년)

- 올해로 창립 70주년을 맞으셨는데 기업이 오래도록 무너지지 않고 유지될 수 있는 비결로 꼽으실 수 있는 것은 무엇인가요?

  (김형준 부경대학교 법학과 3학년)

- 창립 70주년을 맞는 올 해의 경영 방침을 '우리 다 함께'로 정했다고 들었는데 무슨 의미를 담고 있나요?

  (박나울 숙명여자대학교 홍보광고학과 3학년)

- 직원에서 CEO까지 그 자리에 오를 수 있던 비결은 무엇이 있나요?

  (최소영 성신여자대학교 식품영양학과 3학년)

- 기업을 유지한다는 건 많은 사람들의 존경과 따름이 있어야 한다고 생각하는데요. 그런 리더가 되기 위해 어떤 노력을 하셨나요?

  (박혜연 서울여자대학교 문헌정보학과 4학년)

- 세계 200대 억만장자 리스트에 오르시기도 했는데 자신의 성공 노하우는 무엇이라고 생각하십니까?

  (성남희 서강대학교 화학과 3학년)

- 아모레퍼시픽은 여자가 일하기 좋은 기업이라는 이야기가 있는데 이에 대해 어떻게 생각하는지?

  (김기영 단국대학교 영상콘텐츠학과 3학년)

오렌지가 유재석 영웅에게 묻는다

• 최고의 자리에 오르기까지 오랜 무명시절을 견디셨습니다. 미래에 대한 막연함에 포기하고 싶었던 적은 없었는지, 있었다면 그것을 극복할 수 있는 최고의 방법을 추천해주세요.

(정욱진 숭실대학교 경영학과 3학년)

• 국민MC로 불리면서 부담감이 정말 많으셨을 텐데 그 부담감을 어떻게 극복하셨나요?   (조슬기 경인여자대학교 영상방송과 2학년)

• 정상의 자리에 오르는 것보다 힘든 건 그 자리를 유지하는 일인데요. 몇 년째 최고의 예능 프로그램들을 진행해오면서 겪었던 가장 큰 고비는 무엇인가요?   (이상범 성균관대학교 경제학과 3학년)

• 방송일을 하면서 짜증이 날 때도, 화가 날 때도, 욕심이 날 때도 있을 것 같은데 이러한 부분이 방송에서 드러나지 않습니다. 어떻게 감정조절을 하시나요?   (지연주 단국대학교 국어국문학과 3학년)

• 유재석씨는 대중과의 관계뿐만 아니라 지인들과의 관계도 잘 유지하시는 것으로 알고 있습니다. 사람을 대할 때 유재석씨만의 가치관은 무엇입니까?   (노유희 부산대학교 예술문화영상학과 4학년)

• 공적으로나 사적으로나 완벽한 '유느님' 비결이 무엇인가요? 이 자리까지 이끌어준 본인만의 비결이 있다면 무엇이 있나요?

(최소영 성신여자대학교 식품영양학과 3학년)

- 거의 모든 프로그램을 모니터링 하시기로 유명한데, 하루에 몇 시간씩 모니터링을 하시나요? 모니터링은 혼자 하시나요, 아니면 아내분과 지호와 함께 하시나요?

  (엄보람 명지대학교 디지털미디어학과 4학년)

- 무한도전을 보면 항상 내려놓을 준비를 하고 계신다는 말을 자주 하시는데 본인이 생각하는 미래를 그려보신다면?

  (심수진 건국대학교 글로벌캠퍼스 신문방송학과 3학년)

- 연예인 말고 다른 직업을 선택할 수 있다면 어떤 것에 도전해보고 싶으신가요? (성진주 세종대학교 디지털컨텐츠학과 2학년)

- 지금의 국민 MC자리에 있기까지 많은 노력을 하신 걸로 알고 있는데 MC를 꿈꾸는 지망생들에게 꼭 해주고 싶은 말이 있다면 무엇인가요? (박유진 한국외국어대학교 슬로바키어학과 3학년)

오렌지가 하정우 영웅에게 묻는다

- 아버지와 같은 직업을 가지고 계신데 장점과 단점은?

  (이수연 강원대학교 생명과학과 2학년)

- 아버지의 아들로서가 아니라 배우 하정우로서 자리매김 하기 위한

노력이 있었다면? 그 노력을 하기까지의 어려움이 있었다면?

(장혜린 경희대학교 사회학과 3학년)

- '롤러코스터'부터 '허삼관'까지 영화 제작자로서도 활발한 활동을 보이고 있는데 최종 목표는 무엇인가요?

(최소영 성신여자대학교 식품영양학과 3학년)

- 배우, 감독, 화가로서 모두 성공을 거두고 있습니다. 3가지 직업 중에서 본인이 재능을 가장 타고 났다고 생각하는 분야는 어디이며, 가장 노력이 필요하다고 생각하는 분야는 어디입니까?

(조보경 성신여자대학교 미디어커뮤니케이션 학과 4학년)

- 연기공부를 하던 시절 쓰시던 '연기노트'에 대해 본 적이 있는데요, 그렇게 뜨거운 열정으로 본인이 좋아하는 일을 할 수 있었던 계기, 그리고 그 열정이 지치게 않게끔 할 수 있는 본인만의 연기 열정 원동력이 무엇인지 궁금합니다.

(김형준 부경대학교 법학과 3학년)

- 최근 한 방송에서 매 작품을 할 때마다 끊임없이 작품연구를 하셨던 노트를 공개하셨는데 가장 분석이 어렵고 연기로 나타내기 힘들었던 작품이 있었다면 무엇인가요? 가장 애착이가는 영화는 무엇인가요?

(성남희 서강대학교 화학과 3학년)

- 대중들이 믿고 보는 배우로 생각하기 때문에 부담도 있을 텐데 작

품 선택 시 고려하는 것들이 있다면 무엇인가요?

(김미리 서원대학교 정치행정학과 3학년)

• 진정한 '먹방'의 1인자 하정우, 음식을 먹는 연기를 위해 평소 어떻게 연습을 하는지?

(정욱진 숭실대학교 경영학과 3학년)

• 훗날 어떠한 연기자로 사람들에게 남고 싶으십니까?

(노유희 부산대학교 예술문화영상학과 4학년)

• 충무로의 손꼽히는 노력파이신데, 본인의 노력의 원동력과 많은 연기자 지망생들에게 해주고 싶은 이야기가 있다면?

(김기영 단국대학교 영상콘텐츠학과 3학년)

오렌지가 박지성 영웅에게 묻는다

• 국민캡틴으로서 본인의 리더십을 평가해본다면 어떻게 평가내릴 수 있을까요?

(지연주 단국대학교 국어국문학과 3학년)

• 한국에서도 많은 축구선수들이 있지만 그 중에서도 자신이 성공할 수 있었던 이유는 무엇이라고 생각하고 앞으로의 꿈은 무엇입니까?

(김미리 서원대학교 정치행정학과 3학년 12학번)

- 노력형 천재라는 말을 많이 듣는 분으로 꼽히시는데, 혹시 노력만으로 되지 않았던 부분이 있었나요?

(심수진 건국대학교 글로벌캠퍼스 신문방송학과 3학년)

- 뛰어난 축구실력뿐만 아니라 넘치는 유머감각과 탁월한 예능감각으로도 많은 분들의 사랑을 받으셨는데 혹시 추후에 연예계나 방송 관련 일에 진출해 보실 생각이 있으신가요?

(김형준 부경대학교 법학과 3학년)

- 맨체스터유나이티드의 앰배서더로 활동하고 계신데 앞으로 축구지도자로 활동할 생각은 없는지?

(금상준 한국외국어대학교 미디어커뮤니케이션학과 4학년)

- 축구선수로 은퇴한 후에는 가족에게 많은 시간을 투자하고 싶다고 했는데 은퇴 후 가족과의 시간 외에도 개인적으로 꼭 하고 싶은 일이 있다면? (조보경 성신여자대학교 미디어커뮤니케이션 학과 4학년)

- 우리나라 축구가 2002년 월드컵처럼 4강 진출을 위해서 가장 필요한 것은 무엇일까요? (최소영 성신여자대학교 식품영양학과 3학년)

- 박지성 선수의 개인적인 안목에서 가장 눈에 띄는 한국선수는 누구입니까? (노유희 부산대학교 예술문화영상학과 4학년)

- 전 세계의 여러 프로팀에서 몸 담으셨고 많은 트로피를 들어올리셨는데 한국의 축구팀 문화와 어떤 점이 다르고 해외 진출하려는 후배 축구선수들에게 해주고 싶은 충고가 있으시다면?

(임총민 경북대학교 경영학부 3학년)

- K리그가 굉장히 침체되어 있습니다. 혹시 K리그가 메이저 스포츠가 되기 위해서 어떤 노력을 해야할 지 궁금합니다. 인프라나 국민들의 축구사랑, 축구인구에 비해 리그의 인기가 굉장히 떨어지는데 문제점과 더불어 해결책은 어떤 부분이 있을까 궁금합니다.

(김신형 성균관대학교 경영학과 3학년)